De la 6e à la 5e

11-12 ans

Drôles de talents !

Sophie Adriansen
Claudine Aubrun
Autrices

Illustré par (dans l'ordre)
Pierdomenico Sirianni
Anne-Sophie Lanquetin
François Foyard
Aurélie Guarino
Claire Delvaux
Sylvie Eder
Clément Rizzo

MIXTE
Papier issu de sources responsables
FSC® C022030

Nathan est un éditeur qui s'engage pour la préservation de son environnement et qui utilise du papier fabriqué à partir de bois provenant de forêts gérées de manière responsable et contrôlée.

Présentation

Pour chaque histoire :

➜ **Je lis un récit d'aventures entrecoupé d'exercices de :** français, maths, histoire, géo, sciences et technologie.

➜ **Je résous des exercices** qui permettent de reconstituer l'histoire.

➜ **Je vérifie ma réponse :**
- elle est juste ➜ j'accède à la suite de l'histoire ;
- elle est fausse ➜ le corrigé me guide pour refaire l'exercice.

➜ **Je consulte le mémo en fin d'ouvrage,** il m'explique la notion abordée dans l'exercice.

➜ **Je me détends avec les pages de jeux** et j'impressionne mes parents en réalisant une activité manuelle.

➜ **Je regarde la table des matières (p. 190)** pour connaitre tous les points du programme abordés dans les exercices.

➜ **Je note les indices sur la page 189,** un par histoire, ils prouvent que l'enquête avance.

Crédits photos : p. 21 : chèvre © BIS/Ph. Eric Isselée ; tortue © BIS/Ph. George Nazmi Bebawi ; lézard © BIS/Ph. Oleg_Mit ; p. 26 : © AdobeStock/Satoshi Kikyo ; p. 28 : © AdobeStock/Christian Jung ; p. 36 g : © Flaticon/bglgn ; d © Flaticon/Pixel perfect ; p. 49 : © AdobeStock/Olga ; p. 52 h : © AdobeStock/hachut ; p. 52 b : © AdobeStock/borzebra ; p. 72 : cadres © Pixabay/PublicDomainPictures ; pot © Flaticon/Freepik ; p. 73 : © BIS/Archives Larbor ; p. 74 : goutte © Flaticon/Freepik ; © mandala Pixabay/graphizadesigns ; p. 76 : cadre © AdobeStock/Romain Quéré ; p. 86 de g à d : © Flaticonphoto3idea_studio ; © Flaticon/Freepik ; © Flaticon/Made by Made ; p. 96 : © AdobeStock/VectorVicePhoto ; p. 100 : hg © AdobsStock/Elena_Bezzubtseva ; g © AdobsStock/Prostock-studio ; étape 1 © AdobsStock/Alesia Berlezova ; étape 2 © AdobsStock/Ruslan Gilmanshin ; p. 103 : © Flacticon/Freepik ; p. 124 : hg © AdobeStock/Tartila ; m © AdobeStock/tony4urban ; b © AdobeStock/Oleksii ; p. 139 : © AdobsStock/comotomo ; p. 144 : dé ©Flaticon/juicy fish ; pot © Flaticon/Freepik ; robinet © Flaticon/Pixel perfect ; chat © Flaticon/Good Ware ; chaussure © Flaticon/Smashicons ; flèche © Flaticon/gungyoga04 ; skate © Flaticon/Freepik ; p. 145 : © AdobeStock/He2 ; p. 148 : © Adobestock/naturalv ; p. 170 : note © Flaticon/alimasykurm ; projecteur © Flaticon/Konkapp ; guitare © Flaticon/Freepik ; micro © Flaticon/DinosoftLabs ; p. 171 : verre © Flaticon/Vitaly Gorbachev, rose © Flaticon/Freepik, canot © Flaticon/Freepik.

Les histoires 1, 3, 4, 7 ont été écrites par Sophie Adriansen, les histoires 2, 5, 6 par Claudine Aubrun.

Maquette intérieure : Julie Lannes, Élise Launay. **Composition :** Céline Julien
 ISBN : 978-2-09-193536-2

Préambule

Micmac à l'aéroport !

En ce printemps, la classe de madame Charpentier part en échange scolaire en Corse, et à cette occasion prend l'avion. Mais à l'arrivée, sept élèves sont pris pour les finalistes de l'émission Petits Talents, qui ont voyagé sur le même vol.

Croyant être accueillis par la famille qui les hébergera, Vincent, Akira, Titouan, Léane, Arthur, Fatou et Aïda sont conduits vers le lieu de l'ultime épreuve de chaque catégorie du concours des Petits Talents : pâtisserie, cirque, graff, skate, magie, danse hip-hop et chant. Avec à chaque fois un défi très impressionnant à relever pour confirmer le talent qui a permis à chaque candidat de l'émission de franchir toutes les étapes jusqu'à la finale.

En attendant de pouvoir rejoindre sa famille d'accueil, chacun des élèves va devoir surmonter le quiproquo et faire de son mieux pour remporter le challenge dans un domaine qui n'est pas du tout sa tasse de thé ! Car il n'est pas possible de se défiler : tout est prêt, et le public comme les téléspectateurs attendent ces épreuves finales avec une immense impatience… Et si cette gigantesque méprise était l'occasion de révéler… de drôles de talents ?

Vincent

Talent 1

La pâtisserie, c'est du gâteau !

1

Les portes automatiques s'ouvrent. Vincent, sac au dos, sort de la zone d'arrivée. Face à lui, les dizaines de paires d'yeux de tous ces gens venus récupérer un proche à la descente de l'avion. Ami, famille ou… correspondant, dans son cas, puisque c'est pour un échange scolaire qu'il est en Corse.

Deux personnes s'avancent vers lui. Un homme et une femme. Très chics, constate Vincent. L'homme porte un costume noir sur une chemise blanche ; un nœud papillon entoure son col. La femme, quant à elle, est vêtue d'une robe jaune à motifs de gros coquelicots d'un rouge éclatant. On dirait qu'ils vont à un mariage !

– Tu as fait bon voyage ? demande l'homme à Vincent en lui prenant son sac.

– Oui ! répond Vincent. Nous avons même tous applaudi le pilote à l'atterrissage.

– Eh bien, s'exclame la femme, pour une fois que ce n'est pas toi qu'on applaudit !

Vincent ne voit pas très bien ce qu'elle veut dire mais il ne relève pas. Il les suit jusqu'au parking. Le coffre d'une splendide berline noire s'ouvre à quelques mètres d'eux. La femme a dû actionner l'ouverture, mais Vincent n'a surpris aucun geste.

À moins que ce ne soit leur tenue du quotidien, réfléchit Vincent en les observant, puis il grimpe à bord de la luxueuse voiture. Si ça se trouve, sa famille d'accueil appartient à la noblesse. L'explication parait plausible. Vincent imagine déjà une villa avec vue sur la mer Méditerranée… Mais lorsque la voiture se dirige vers la sortie de l'aéroport et se retrouve en plein soleil, Vincent remarque des fleurs qui décorent le capot et les rétroviseurs. Et si la famille l'emmenait pour de bon à un mariage ?

– Le cocktail commence à 18 h, annonce la femme tout en conduisant, comme si elle avait lu dans ses pensées. Ça te laisse le temps de réaliser la pièce montée !

Vincent perd instantanément son sourire. Ça lui laisse le temps de… quoi ?

Vincent a-t-il bien entendu ?

Pour le savoir, trouve les homonymes des mots ci-dessous :

Paire → poire / père / duo
Col → colle / cou / cale
Fois → occasion / foire / foie

Si tu as trouvé : père / colle / foie → Va au n° 6.
Si tu as trouvé : duo / cou / occasion → Va au n° 7.

mémo 13

2

Faux. Recommence en découpant les zones de la boite en triangles. N'oublie pas de compter le modèle.

→ Retourne à l'exercice du n° 10.

3

– Veux-tu que je prenne de l'avance et que je commence à confectionner les choux ? demande tout à coup Ange, un jeune commis pâtissier de la brigade.

Tout à sa réflexion, Vincent ne l'a pas entendu s'approcher.

– Les choux ? répète Vincent.

– Oui ! Je sais que tu comptes faire une pièce montée originale, mais tu ne vas pas la faire sans choux, n'est-ce pas ?

Vincent réfléchit rapidement. Si les choux sont formés, il n'aura plus qu'à les fourrer de crème avant de les assembler avec du caramel. Finalement, réaliser le dessert ne sera pas si compliqué. Il arbore son plus beau sourire pour répondre :

– Non, bien sûr, pas de pièce montée sans choux ! Tu peux commencer, oui. Merci !

L'équitation évoquée par Cléophée a donné à Vincent une idée. Puisque la mariée est passionnée par les chevaux, pourquoi ne pas en construire un en petits choux ? Encore faut-il qu'il parvienne à mettre au point la crème pour l'intérieur, mais surtout le caramel qui permettra de faire tenir l'édifice.

Vincent s'approche d'une grande casserole. Il la remplit à moitié de sucre, puis verse de l'eau par-dessus. Il a en tête que c'est ainsi qu'on obtient du caramel. Puis il allume le feu et part en quête d'un grand plateau sur lequel installer son cheval.

– Peux-tu m'indiquer où sont rangés les plateaux ? demande-t-il à un commis.

Celui-ci désigne une étagère sur laquelle sont empilés des plateaux de toutes tailles.

– Super, merci ! le remercie Vincent.

Une minute plus tard, il a attrapé le plus grand plateau de la pile. Il n'a pas remarqué les flammes orangées qui, derrière lui, commencent à s'échapper de sa casserole…

Vincent va-t-il déclencher une catastrophe ?

Pour le savoir, complète les phrases par un infinitif en *-er* ou un participe passé en *-é* (à accorder si nécessaire) :

a. Ange a commenc....... à confectionn....... les choux.

b. Le commis a indiqu....... où sont rang....... les plateaux.

Si tu as écrit a. é / er puis b. é / és → Va au n° 8.
Si tu as écrit a. é / é puis b. é / er → Va au n° 11.
Si tu as écrit a. er / er puis b. é / er → Va au n° 16.

mémo 7

4

Tu t'es trompé(e). Un adjectif peut être épithète ou attribut du sujet. → Refais l'exercice du n° 13.

5

Ce n'est pas la bonne réponse. Rappelle-toi que 1 m² correspond à l'aire d'un carré d'un mètre de côté.

→ Recommence l'exercice du n° 6.

6

Une heure plus tard, la voiture de luxe franchit les grilles d'une propriété. En envisageant une vue sur la mer Méditerranée, Vincent ne s'était pas trompé.

Sauf que la « villa » a plutôt l'allure d'un petit château ! Des dizaines de voitures sont garées sur les graviers. Il y a même des cars : Vincent en compte huit, soigneusement alignés d'un côté du parking. La bâtisse est somptueuse, le cadre est grandiose : de l'autre côté du château, le soleil fait étinceler les flots.

Mais Vincent ne s'intéresse à rien de tout ça.

– Qu'est-ce que vous venez de dire ? a-t-il demandé quand le véhicule quittait l'aéroport.

– Que tu vas avoir tout l'après-midi pour réaliser cette pièce montée exceptionnelle que les jeunes mariés attendent, a répondu l'homme en costume. Les jeunes mariés… et le public, bien sûr !

– Le public ?

– Oui, le public de l'émission Petits Talents, a indiqué l'homme.

Vincent n'a rien compris.

– Tu peux descendre de voiture, on va directement aller en cuisine, dit la femme à présent qu'ils sont arrivés.

Vincent obéit et gravit les marches du château sur les talons de ses accompagnateurs. Dedans, c'est le branle-bas de combat : des gens s'affairent dans tous les sens, transportant de la vaisselle, des fleurs, des chaises. Dans la salle principale, qui donne sur une immense terrasse, une grande table en forme de U a été dressée. Et, en effet, une équipe de télévision installe des caméras un peu partout.

Enfin, ce sont les cuisines. Lorsque les portes s'ouvrent, tout le personnel présent se retourne vers Vincent, une quinzaine de personnes en tenue de cuisinières et cuisiniers. Certains portent des toques sur la tête.

Une femme s'avance et, désignant le reste de l'équipe, elle déclare :

– Bonjour, talentueux pâtissier. Je suis Antonia, la cheffe de la partie pâtisserie, et voici la brigade qui va travailler sous tes ordres.

Qu'est-ce que Vincent va faire avec cette... brigade ?

Tu le découvriras après avoir calculé l'aire de la table en U, sachant qu'un côté (c) mesure 1 m.

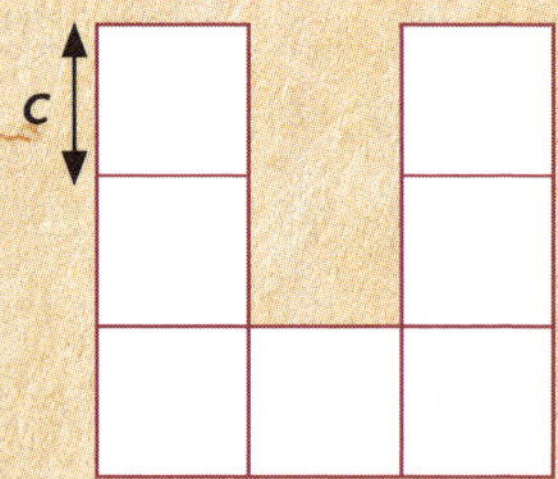

Si tu as trouvé 7 m² → Va au n° 10.
Si tu as trouvé 9 m² → Va au n° 5.
Si tu as trouvé 16 m² → Va au n° 9.

mémo 25

7

Tu t'es trompé(e) ! Tu as sélectionné les synonymes. Les homonymes sont des mots qui se prononcent de la même façon. → Recommence l'exercice du n° 1.

8

Un cri traverse soudain la cuisine :

– À qui est cette casserole ? hurle Antonia.

Vincent se retourne et se précipite sur l'ustensile. Il balance la casserole dans un évier rempli d'eau. Les flammes s'éteignent instantanément.

– Ça va ? s'inquiète Antonia en arrivant dans son dos. Tu t'en sors ?

– Oui, oui, ment Vincent. Je n'aurais simplement pas dû laisser mon caramel sans surveillance…

– Bon, très bien, je retourne à mes mignardises, dit Antonia, rassurée.

Vincent regarde la casserole immergée. Son mélange a brulé avant de ressembler à du caramel. Il jette un œil de l'autre côté. Le commis a déjà confectionné une grande quantité de choux.

« Comment vais-je les faire tenir si je n'ai pas de caramel ? » se lamente intérieurement Vincent en levant les yeux au plafond.

Il ne remarque pas les voyants des caméras allumées, réparties aux quatre coins de la pièce. Concentré, Vincent avise un gros flacon. De la sauce soja ! C'est collant et de la même couleur que le caramel… Plus loin se trouve un saladier plein d'une substance claire. Vincent y trempe le petit doigt : de la mayonnaise ! En vitesse, il dispose quelques petits choux sur une assiette et vient les remplir de mayonnaise. Puis il file du côté du grand plateau et positionne les choux en les soudant avec de la sauce soja. Ça tient ! Son idée fonctionne ! Il va faire une pièce montée salée, n'est-ce pas une trouvaille absolument géniale ? Très content de lui, Vincent installe le plateau sur le plan de travail. Pendant ce temps, Antonia goute un chou abandonné dans l'assiette. Vincent l'observe du coin de l'œil. Va-t-elle, comme il l'espère, crier au génie ?

– Pouah !

Antonia fait la grimace avant de jeter le chou dans la poubelle la plus proche.

– Vincent, l'appelle-t-elle, tes choux non plus, tu ne dois pas les laisser sans surveillance : un plaisantin a trouvé malin de mettre de la mayonnaise dans celui-là…

Vincent réussira-t-il à se sortir de cette situation ?

Tu le découvriras après avoir entouré l'unité de mesure qui convient pour chacune des capacités ci-dessous :

Carafe de jus de fruits : mL – cL – L

Goutte d'eau de rose : mL – cL – L

Flacon de sauce soja : mL – cL – L

Si tu as entouré L / cL / mL → Va au n° 12.

Si tu as entouré L / mL / cL → Va au n° 13.

mémo 24

9

Non, ton calcul est à revoir. Tu as confondu périmètre et aire. La formule permettant de calculer l'aire d'un carré est A = *c* x *c* (côté). → Retourne à l'exercice du n° 6.

10

– Je n'ai jamais fait de pièce montée, déclare Vincent en reprenant ses esprits.

– Je me doute, sourit Antonia. Ce n'est pas un gâteau qu'un pâtissier réalise tous les jours. Mais entre ton talent et les compétences de tes commis, ce sera formidablement original, je le sais.

– Bon, on vous laisse, disent les accompagnateurs avant de disparaitre.

– Mais même la pâtisserie, ce n'est pas trop mon truc… poursuit Vincent.

La brigade au grand complet éclate de rire. « Personne ne me croit », comprend Vincent. Il est bien conscient qu'il y a un gros malentendu, mais que faire ? Si c'est ici qu'il doit passer son échange scolaire, autant qu'il tente de faire ce qu'on lui demande.

De l'autre côté de la cuisine, des commis préparent des quantités astronomiques de bouchées apéritives colorées. Avisant des fromages de dimensions variées, Vincent s'exclame :

– Je propose d'empiler ces fromages les uns sur les autres. Ça fera une pièce montée hyper originale !

Antonia sourit :

– Tu es drôle, en plus ! Heureusement que tu plaisantes. Cléophée, la mariée, est très exigeante. C'est un mariage d'exception, il faut une pièce montée inoubliable ! Tiens, d'ailleurs la voilà.

– Qui ça ? s'affole soudain Vincent.

– Cléophée, la mariée !

Une robe qui ressemble à une fontaine de crème chantilly vient en effet d'entrer dans le champ de vision de Vincent…

Comment Vincent réagira-t-il face à la mariée en personne ?

Pour le savoir, compte combien de fromages triangulaires peut contenir la boite carrée dans laquelle les range Antonia.

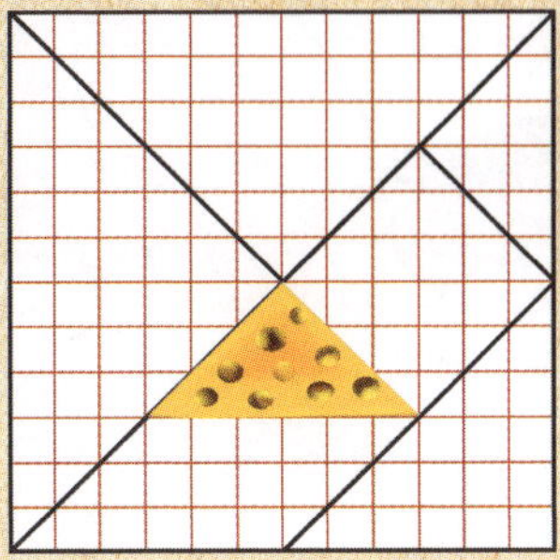

Si tu as trouvé 15 → Va au n° 2.
Si tu as trouvé 16 → Va au n° 15.

mémo 25

11

Faux. Après une préposition, on trouve la marque de l'infinitif. → Retourne à l'exercice du n° 3.

12

Erreur. L'abréviation « mL » désigne les millilitres, pour mesurer des petites quantités, et « cL » désigne les centilitres. → Recommence l'exercice du n° 8.

13

Vincent se désespère. Que faire ? Il ne pourra pas s'enfuir au moment du dessert. Et s'il renversait le chariot avec la pièce montée en entrant dans la salle ?

Aucun invité n'oserait toucher aux choux tombés par terre et personne ne saurait qu'il n'est pas véritablement pâtissier…

Plongé dans ses pensées, Vincent ne voit pas revenir le commis qui s'est occupé des choux, cette fois accompagné d'une apprentie pâtissière de la brigade.

– Écoute, on sait que tu n'es pas le finaliste des Petits Talents, commence la fille.

Vincent se redresse. Vont-ils le dénoncer ? Mais alors, que va-t-on faire de lui ? Où va-t-il passer le reste de l'échange ?

– On ne sait pas comment tu t'es retrouvé là, mais on est prêts à t'aider, poursuit la fille.

– J'ai fini les choux, je peux faire une crème pâtissière. J'ai une formation d'entremétier*, indique le garçon.

* L'entremétier cuisine les garnitures (pâtes, riz, légumes, purées) mais aussi les soupes, les œufs, les soufflés et les sauces blanches.

– Et moi, je suis plutôt douée en caramel, ajoute la fille. Tu n'auras qu'à assembler le tout.

Vincent peine à en croire ses oreilles. Non seulement ces deux jeunes cuisiniers ne vont pas agir contre lui, mais en plus ils vont lui permettre de réaliser la pièce montée promise à la mariée ! À condition, bien sûr, qu'il parvienne à réaliser le cheval qu'il imagine…

Grâce aux jeunes pâtissiers, Vincent remplira-t-il sa mission ?

Pour le découvrir, souligne les adjectifs contenus dans cette phrase. Combien en dénombres-tu ?

Vincent est timide mais rêve de présenter sur un chariot doré un dessert majestueux qui serait acclamé par les convives enthousiastes et les mariés ébahis.

Si tu as souligné 4 adjectifs → Va au n° 4.
Si tu as souligné 5 adjectifs → Va au n° 17.

mémo 1

14

Faux. Le lézard se caractérise par le fait de changer de peau, c'est-à-dire qu'il mue.

→ Retourne à l'exercice du n° 15.

15

– Bonjour cher ami ! s'exclame la jeune femme dont le visage rayonnant émerge de la fontaine de chantilly.

– Bonjour… madame… bafouille Vincent.

– Oui, madame depuis quelques minutes ! reprend la jeune femme en montrant son index orné d'une bague qui brille de mille feux. C'est le plus beau jour de ma vie… soupire-t-elle. Et je n'en reviens pas que ce soit un pâtissier aussi jeune qui s'occupe de ma pièce montée ! Je sens que tu vas concocter quelque chose de génial, à la fois délicieux et magnifique. Tu sais qu'en plus des caméras, ton œuvre va être sur toutes les photos du mariage ?

Antonia et les commis rient. Vincent tente de les imiter mais il est gêné. Il se rend compte de la pression qui pèse sur ses épaules. Tout le monde attend la pièce montée, c'est le point culminant du repas de mariage. Et il ne peut pas décevoir cette jeune femme !

– D'ailleurs, poursuit Cléophée, peux-tu me glisser un indice sur ce que tu prévois de réaliser ?

– Euh, je… balbutie Vincent.

– Non ! l'arrête Cléophée. En définitive, je préfère ne rien savoir. J'aime les surprises ! De toute façon, je dois y aller. Le vin d'honneur va commencer, mon époux et moi allons faire notre entrée sur des chevaux blancs… Tu sais que j'adore l'équitation ?

L'équitation ? Tiens, voilà qui donne à Vincent une idée…

Quelle idée Vincent vient-il d'avoir ?

En Corse, où Vincent a atterri, on compte de très nombreuses espèces vivantes. Attribue à chaque espèce sa caractéristique pour continuer ta lecture.

CHÈVRE

TORTUE

LÉZARD

1. Le corps possède une carapace.

2. L'animal mue entièrement.

3. La femelle allaite ses petits.

Si tu as relié : chèvre 3, tortue 1, lézard 2 → Va au n° 3.
Si tu as relié : chèvre 3, tortue 2, lézard 1 → Va au n° 14.

16

Faux, le verbe s'écrit toujours au participe passé après les auxiliaires *être* ou *avoir*. → Refais l'exercice du n° 3.

17

L'organisation se met en place : Ange, le commis, fourre les choux puis les passe à Livia, l'apprentie pâtissière, qui les trempe dans le caramel chaud et les passe à son tour à Vincent, qui les pose à leur place définitive sur le plateau. Bientôt, quatre jambes de cheval s'y dressent.

Pour les flancs, Vincent transpire à grosses gouttes : les choux ne tiennent que grâce au caramel ! Il poursuit avec l'encolure et la tête du cheval. Livia habille celle-ci d'une crinière en faisant filer du sucre, et elle lui fait une queue selon le même procédé. Pendant ce temps, Ange, qui a jeté des amandes dans le reste de caramel, a obtenu de la nougatine. Il en découpe des morceaux pour former les sabots du cheval et ses oreilles.

Vincent recule pour admirer le résultat. Il manque marcher sur la robe de Cléophée.

– Oh là là ! C'est magnifique ! applaudit celle-ci. C'est moi qui pousse le chariot pour l'apporter dans la salle ! décide-t-elle.

Vincent repense à son idée de le renverser. La mariée ne va pas apporter une pièce montée immangeable, mais Vincent craint maintenant qu'elle ne prenne pas soin de ce dessert si fragile…

– C'est l'heure, annonce Antonia tandis que les assiettes à fromage reviennent en cuisine, vidées de leur contenu. Très beau travail, Vincent !

L'intéressé s'empresse de suivre Cléophée, prêt à rattraper au vol le cheval car celui-ci vacille un peu. Mais l'animal arrive sain et sauf dans la salle à manger. La pièce montée est servie sous les applaudissements et les flashs des appareils photo. Les mariés sont les premiers à gouter.

– Un délice ! affirment-ils.

Les invités attrapent eux aussi leur cuillère. Soulagé,

Vincent parvient enfin à se détendre. C'est alors que Cléophée se lève :

– Et c'est moi qui ai l'honneur de te remettre le trophée ! Bravo, tu remportes le prix de la pâtisserie la plus originale !

Vincent reçoit une coupe surmontée d'un rouleau à pâtisserie doré.

– On coupe les caméras ! lance alors un homme portant une casquette rouge pas du tout assortie à son costume.

Vincent avait totalement oublié que ce mariage était filmé. Heureusement qu'il n'y avait pas de caméra en cuisine ! À moins que…

– Bravo, dit l'homme à la casquette en rejoignant Vincent. Entre la casserole en feu et ta tentative de faire des choux à la mayonnaise, on va faire la meilleure audience de l'année !

Gloups…

FIN

Jeu 1 Une pièce montée unique

La pièce montée réalisée par Vincent est unique… et c'est le cas à chaque mariage !
Retrouve la bonne ombre de la pièce montée parmi celles proposées.

a.

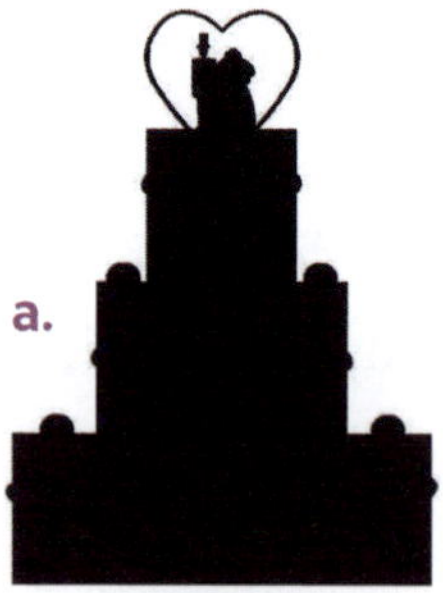

b.

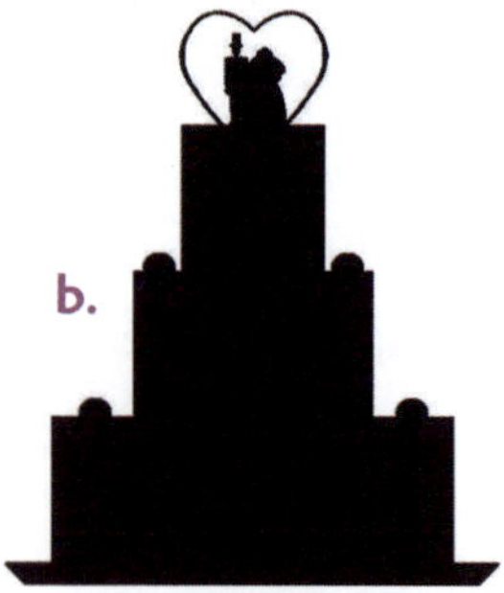

c.

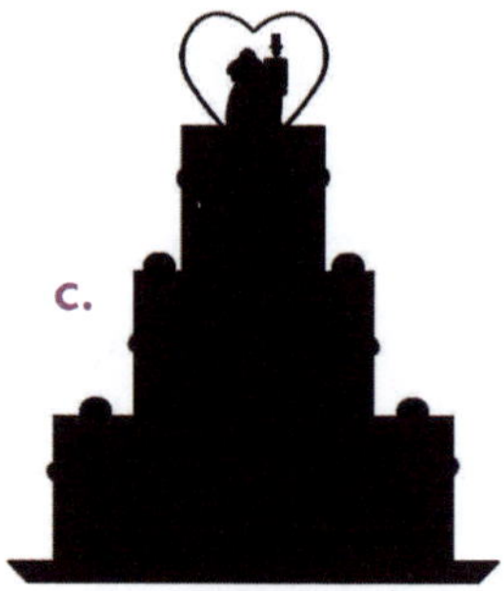

d.

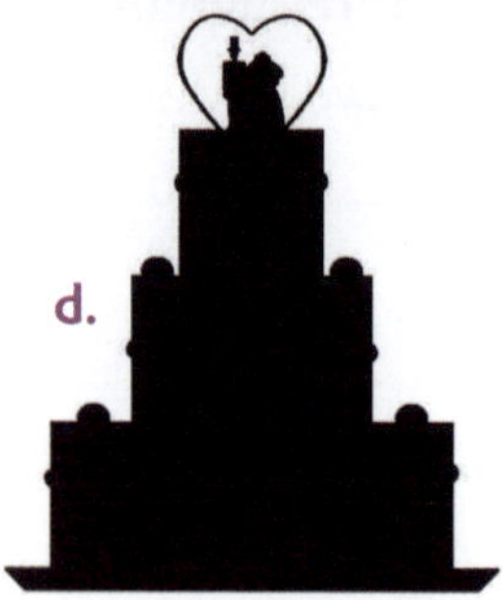

e.

f.

Drôle de pièce montée

Jeu 2

Complète la pièce montée.
Chaque nombre est la somme des 2 nombres qui se trouvent en dessous.

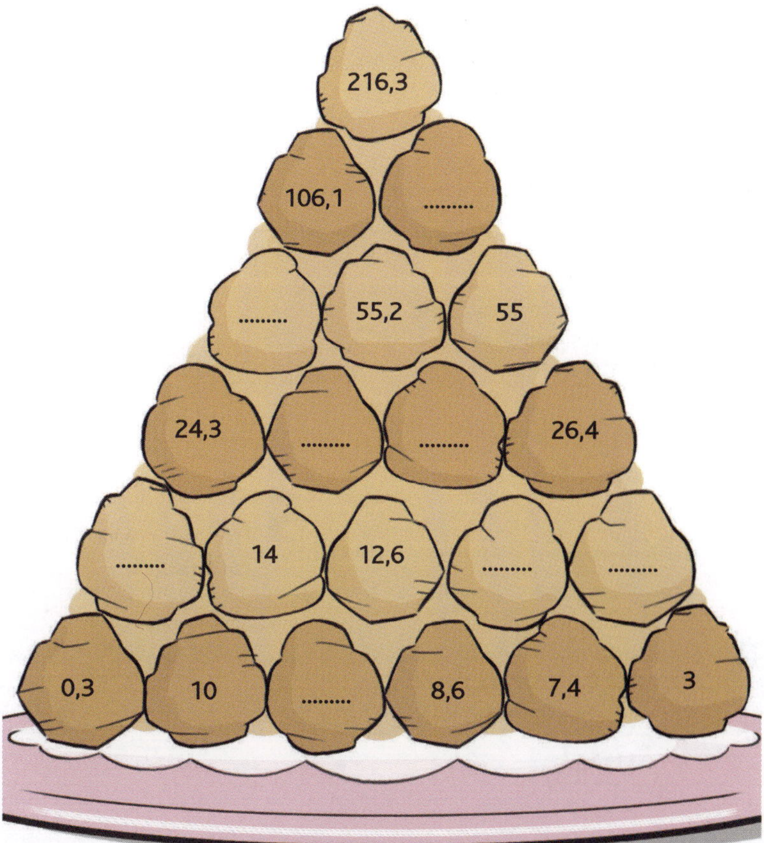

Jeu 3 Le plateau des desserts

Antonia s'y connait en pâtisserie. Et toi ?
Retrouve le nom de chacun de ces desserts en remettant les lettres dans l'ordre.

1 Flan fourré aux pruneaux.

→ _ _ _   _ _ _ _ _ _

2 Couches de pâte feuilletée séparant des couches de crème pâtissière.

→ _ _ _ _ _ _ _ _ _ _ _ _

3 Dessert à base de riz sucré.

→ _ _ _   _ _   _ _ _ _

4 Petit gâteau rond à base d'amandes concassées, parfois fourré de ganache.

→ _ _ _ _ _ _ _

5 Dessert crémeux caramélisé.

→ _ _ _ _ _   _ _ _ _ _ _

Note sur la page-indices p. 189 la dernière lettre du nom du quatrième dessert.

Le bal des demoiselles

Jeu 4

Pour le mariage, les demoiselles d'honneur ont revêtu leur plus belle robe aux côtés de la mariée.
Colorie chacune d'elles en tenant compte des consignes (la mariée est en blanc).

- La demoiselle en robe rouge se tient en bout de rangée.
- La demoiselle en robe verte se tient en deuxième position en partant de la gauche.
- La mariée n'est pas au centre.
- La demoiselle en robe bleue et celle en robe verte sont voisines.
- La demoiselle en robe jaune n'a qu'une seule voisine : la mariée.
- Aux deux extrémités se trouvent des robes aux couleurs du drapeau espagnol ou provençal.

Impressionne tes parents avec...

DES PANIERS EN CHOCOLAT

Dans les cuisines du château, Vincent a découvert l'importance de la présentation. À ton tour, impressionne tes parents avec ces petits paniers en chocolat.

ÉTAPE 1 Prépare tes ingrédients

Pour réaliser 4 paniers, il te faut :
- 120 g de chocolat
- 4 moules à muffins (ou autre forme de moules individuels)

L'astuce d'Antonia

Tu peux alterner avec du chocolat blanc pour confectionner des paniers bicolores.

ÉTAPE 2 Forme tes paniers

- Avec l'aide d'un adulte, fais fondre le chocolat. Tu peux ajouter une cuillerée à soupe d'eau pour faciliter la fonte du chocolat.
- Verse ensuite le chocolat fondu sur tes moules retournés. En versant très lentement, tu pourras dessiner des croisillons ou des cercles en chocolat...
- Pour réaliser des fils de chocolat assez fins, tu peux t'aider d'une cuillère.

ÉTAPE 3 Au frais

Place tes paniers au réfrigérateur et attends un quart d'heure avant de les démouler très délicatement.

ÉTAPE 4 Paniers garnis

Tes paniers sont prêts ! Fruits, marshmallows, boule de glace... tu n'as plus qu'à les garnir. Effet garanti !

Akira

Talent 2

Comme une plume dans les airs

1

Akira est surprise par la tenue de la dame qui se fraye un passage parmi les passagers de l'aéroport. Elle porte une robe à grosses fleurs multicolores, un chapeau orange orné d'un tournesol et des chaussures vert vif. Mais ce qui est le plus étonnant, c'est qu'elle fonce vers Akira et qu'elle lui donne un drôle d'ordre :

– Dépêchons-nous ! Dodo n'aime pas attendre !

Puis, en désignant la valise de la jeune fille, elle demande :

– C'est ton bagage ?

– Euh oui.

– Bien, alors suis-moi ! Je suis madame Merveille.

Quand la dame saisit sa valise, Akira ne peut s'empêcher d'avoir un léger doute. Elle n'imaginait absolument pas ainsi la personne qui devait l'accueillir. Et puis, qui est ce Dodo qui n'a aucune patience ? Pourtant, face à l'assurance de cette dame au si joli nom, le doute d'Akira se dissipe vite. Bientôt, la jeune fille pourra défaire sa valise et se reposer.

Sur le parking, Akira et madame Merveille se pressent. Quand elles arrivent enfin devant le véhicule, Akira finit par comprendre. La camionnette qui les attend est peinte aux couleurs d'un cirque. Collées sur les côtés, des affiches annoncent le prochain spectacle. Mais Akira n'a pas le temps d'admirer la publicité. Depuis l'intérieur de la voiture, un singe lui fait des signes.

– Monte à l'avant, lui dit la femme, pendant que je range ta valise. Et n'aie pas peur de Dodo, il est curieux mais c'est un gentil. Je l'ai recueilli car il avait été abandonné par ses maitres.

Avant de grimper dans le véhicule, Akira se demande pourquoi on ne l'avait pas prévenue qu'elle allait passer quelques jours dans un cirque. Mais elle trouve la situation plutôt amusante. Surtout quand madame Merveille, au volant, se saisit d'un micro et annonce dès qu'elle traverse un village :

– Ce soir, venez nombreux sous le chapiteau du cirque des Merveilles. Vous assisterez à la finale de l'émission Petits Talents. Vous pourrez admirer la plus grande équilibriste du monde, j'ai nommé Miss Plume !

Akira commence à vraiment s'amuser jusqu'à ce qu'elle demande :

– C'est qui cette Miss Plume ?

– Ben, c'est toi, la bonne blague ! lui répond madame Merveille. Et je peux te dire une chose : tout le monde t'attend. N'est-ce pas Dodo ?

Akira va-t-elle continuer à s'amuser de la situation ?

Pour le savoir, souligne en rouge les COD et en vert les COI, dans le paragraphe en bleu que tu viens de lire.

→ **Vérifie ta réponse au n° 7.**

mémo 2

2

Faux. Un triangle isocèle possède 2 côtés égaux et 2 angles égaux. → Recommence l'exercice du n° 10.

3

Les Zéphyrins et Akira sont suspendus aux lèvres d'Angélique. Que va-t-elle pouvoir inventer pour sauver le numéro ?

– Dis-moi Akira, quand tu étais petite, tu aimais faire de la balançoire ? demande-t-elle.

– Euh… oui, bien sûr, comme tous les enfants…

– Alors, voilà ce que nous pourrions faire. Nous avons un numéro où Ludo et son frère James portent une balançoire. C'est toi qui seras dessus. On te trouvera un beau costume. L'idée serait que tu ressembles à une plume dans les airs. Avec une belle musique, un éclairage magnifique, je suis certaine que ce serait très poétique. Tu te sens capable de le faire ?

Tandis que tous les yeux des Zéphyrins sont braqués sur Akira, la jeune fille bredouille :

– Euh, je ne sais pas si je peux.

– Mais si, tu le peux ! intervient James. Tu ne regardes pas en bas, tu fixes juste le toit du chapiteau et tu imagines que tu es dans ton jardin sur ta balançoire. L'idée d'Angélique vaut la peine qu'on essaie. Alors, tu es partante ?

– Dis oui ! insiste Angélique, dis oui ! Je suis sure que ce sera réussi et puis…

– Et puis, dis-toi que si tu tombes, il y a un filet de sécurité.

Que va choisir Akira ?

Pour connaitre son choix, résous l'exercice suivant :
Akira pense : « Si j'acceptais, je risquerais de tomber dans le filet de sécurité. » Elle a utilisé le présent du conditionnel. **À toi de souligner les verbes conjugués à ce même temps dans chaque série.**

a. ils voleraient – ils pleuraient – ils criaient

b. nous séchions – nous finirons – nous croiserions

c. vous boudez – vous finiriez – vous découvriez

d. tu pleurais – tu saluerais – tu voyais

→ **Vérifie ta réponse au n° 16.**

mémo 11

4

Faux. Tu as oublié de convertir les dimensions afin qu'elles soient toutes dans la même unité. → Recommence l'exercice du n° 15.

5

Tu t'es trompé(e). Les tee-shirts blancs représentent 2 tiers du total, donc les tee-shirts colorés représentent 1 tiers, soit 12 x $\frac{1}{3}$ → Revois l'exercice du n° 6.

6

Akira a beau affirmer qu'elle n'est pas la plus grande équilibriste du monde, madame Merveille ne veut rien entendre :

– Tu es trop modeste, lui dit-elle, n'est-ce pas Dodo ? Miss Plume, tout le monde t'attend : le public, mais aussi les journalistes, sans oublier les organisateurs de l'émission Petits Talents. C'est normal que tu sois un peu intimidée avant la représentation, cela s'appelle le trac. Tout va bien se passer, ne te fais aucun souci.

– C'est impossible, je ne peux pas être la favorite, tente de protester la jeune fille.

– Taratata, je ne veux rien entendre ma belle ! Tu es notre vedette, que dis-je, notre star ! D'ailleurs, c'est inutile de faire de la publicité, tout est déjà réservé. Mais j'aime bien faire savoir que notre cirque est dans le coin. N'est-ce pas Dodo ?

Tandis que le singe de madame Merveille approuve en hochant la tête, Akira se tasse sur son siège. Cette femme n'a pas du tout envie d'entendre la vérité. Sans tenir compte des hésitations d'Akira, la patronne du cirque continue :

– Ce soir, tu vas te produire avec un groupe de trapézistes. Ils sont moins célèbres que toi, mais ils sont très doués. Ils s'appellent les Zéphyrins. Ah ! Voilà ! On est arrivées. Tu peux aller les rejoindre tout de suite, ils s'entrainent sous le chapiteau. De mon côté, je vais ranger ta valise dans ta caravane.

– Mais enfin madame Merveille, tente une nouvelle fois Akira, je vous dis que je ne suis pas…

– Taratata jeune fille, je ne veux rien entendre. Ce soir, c'est toi qui brilleras dans les airs. Et tu seras très certainement la gagnante. N'est-ce pas Dodo ?

Comment Akira va-t-elle se sortir de cette situation ?

Pour le savoir, trouve d'abord la solution à ce problème : Dans sa valise, Akira a glissé 12 tee-shirts dont deux tiers sont blancs.
Combien de tee-shirts bleus possède la jeune fille ?

Si tu as trouvé 4 → va au n° 10.
Si tu as trouvé 8 → va au n° 5.
Si tu as trouvé 10 → va au n° 9.

mémo 18

7

As-tu bien souligné les COD : *ta valise ; l' (ai recueilli)* et les COI : *lui ; de Dodo* ? Sinon, revois ton mémo.
→ Puis rends-toi au n° 6.

8

Akira en est certaine. Elle ne peut pas assurer une représentation ce soir. Les Zéphyrins s'entrainent depuis des années. Sans doute virevoltent-ils sur les trapèzes depuis qu'ils sont nés. Alors comment elle, Akira, peut-elle prétendre faire un numéro ? Déterminée à expliquer la situation aux Zéphyrins, la jeune fille décide de monter tout en haut. Elle saisit l'échelle en corde et entreprend l'ascension. Mais même ça, c'est difficile pour elle. Elle a parcouru la moitié de la distance du sol aux trapèzes quand elle sent sa tête tourner. Akira s'arrête, respire profondément, évite de regarder le sol et, vaille que vaille, continue. Elle serre si fort la corde que ses mains ne tardent pas à lui faire mal. Quand elle arrive tout en haut, sur la plateforme, la jeune fille est attendue par toute la troupe des Zéphyrins.

– Bonjour, lui dit le plus âgé de tous, celui qui portait la fille tout à l'heure. Je m'appelle Ludo. Tu es Miss Plume ? On est ravis et fiers d'accueillir un petit talent… Mais tu es certaine que tout va bien ?

Akira s'efforce de ne pas regarder par terre. Elle lui répond :

– Euh oui, ça va. Enfin, j'essaie.

– Tu penses pouvoir t'entrainer avec nous ? Tu as l'air…

Akira n'en peut plus de faire semblant, elle avoue :

– … j'ai l'air de ne pas être à ma place.

– Mais pourquoi dis-tu ça ?

– Je ne suis pas une trapéziste. Il y a méprise. Madame Merveille m'a embarquée à l'aéroport et elle n'a pas voulu entendre que je n'étais pas celle qu'elle était venue chercher.

– Je reconnais bien là notre patronne ! ajoute Ludo. Elle est adorable, mais aussi un peu étourdie. Il faut lui dire que tu ne peux pas faire le numéro ce soir.

– Bon courage ! Je n'aimerais pas être à ta place,

ajoute Angélique, la plus jeune des Zéphyrins. Tous les billets ont été vendus, on attend des tas de journalistes et ton passage va être filmé. Madame Merveille ne va pas vouloir renoncer. Et si on faisait tout de même ce numéro... ?

– Mais comment ? demande Akira.

– J'ai peut-être une idée. Écoutez ma proposition.

Quelle idée Angélique a-t-elle en tête ?

Comme les Zéphyrins, les oiseaux volent.
Afin de connaitre la suite, coche la bonne réponse (Vrai ou Faux).

	Vrai	Faux
Les oiseaux vivent dans différents milieux, selon les espèces.		
Certains oiseaux vivent dans des milieux aquatiques.		
Il n'y a pas d'oiseaux dans la forêt tropicale.		
Certains oiseaux voyagent vers des pays chauds l'hiver.		
Tous les oiseaux sont carnivores.		

→ **Vérifie tes réponses au n° 14.**

9

Non, relis bien la question. Il y a 2 tiers de tee-shirts blancs, et non 2 tee-shirts blancs.

→ Recommence l'exercice du n° 6.

10

Dès qu'Akira pénètre sous le chapiteau, quelques notes de musique l'accueillent. Un clown joue du tambourin puis s'arrête dès qu'il la voit.

– Miss Plume, lui dit-il en faisant une large révérence. Je suis ravi. Je m'appelle Rodrigue. Tu viens voir ta troupe, les Zéphyrins ?

– Euh, oui, répond Akira. Ils sont où ?

Le clown rigole, lève un bras en l'air et lui dit :

– Lève la tête princesse et tu les verras. Ne sont-ils pas magnifiques ?

Tout en haut d'une importante installation de trapèzes, de filets et de cordes, Akira découvre six équilibristes habillés de justaucorps à paillettes. Trois filles et trois garçons, tous très jeunes, s'élancent tour à tour dans une chorégraphie parfaitement réglée. Ils virevoltent, rattrapent un trapèze, l'abandonnent pour en saisir un autre. Le plus âgé, qui semble aussi le plus costaud, rattrape une toute

jeune fille par un bras et la balance dans les airs. Akira retient son souffle. Et s'il la lâchait ? Et si la fille tombait ? Mais non. Tout se passe bien. Là-haut, la trapéziste, de sa main libre, salue les gradins vides à cette heure, puis saisit le bras du garçon qui la porte et remonte sur une minuscule passerelle où les autres membres de l'équipe attendent leur tour pour s'élancer. Akira sent sa tête tourner. Jamais elle ne pourra monter là-haut, c'est impossible.

– Ça va ? lui demande Rodrigue, le clown au tambourin. Tu es toute pâle princesse, tu veux boire un verre d'eau ?

« Un verre d'eau, ce ne sera sans doute pas suffisant, se dit Akira. Ce qu'il faudrait, c'est plutôt un miracle. »

Les Zéphyrins vont-ils bien accueillir Akira ?

Pour le découvrir, fais cet exercice. Les Zéphyrins font des figures dans les airs. Pour savoir à quoi elles font penser, relie les propositions qui conviennent.

a. triangle isocèle •	• **1.** Les angles mesurent chacun 60°.
b. triangle équilatéral •	• **2.** Un de ses angles mesure 90°.
c. triangle rectangle •	• **3.** Deux de ses angles ont la même mesure.

Si tu relié a. 2., b. 1., c. 3. → va au n° 2.
Si tu relié a. 3., b. 1., c. 2. → va au n° 8.

mémo 21

11

C'est faux. N'as-tu pas confondu épithète et attribut ? L'adjectif est épithète quand il est placé juste à côté du nom qu'il qualifie. → Retourne à l'exercice du n° 12.

12

Après l'entrainement, Angélique conduit Akira dans le local à costumes du cirque. C'est une véritable caverne d'Ali Baba. Il y a des vêtements à paillettes, des costumes de clowns, d'équilibristes, de jongleurs… Angélique, très à l'aise, ouvre des coffres, cherche dans des armoires, fouille dans des tiroirs.

– Il nous faut quelque chose de… poétique. Quelque chose qui fasse penser que tu es une plume qui vole tout là-haut. Regarde ceci ! Ça devrait t'aller.

Angélique tient un justaucorps blanc brodé de paillettes claires.

– Essaie-le !

Akira s'exécute. Tandis qu'elle se regarde dans le miroir, elle a l'étrange sensation d'être une autre.

– Tu te trouves comment ? lui demande sa nouvelle amie.

– Euh… différente.

– Ah, ah, ah ! Tu verras, tu vas vite t'habituer à porter un joli costume. Mais il me semble qu'il manque quelque chose. Attends, je cherche…

Après avoir ouvert des dizaines de tiroirs, Angélique revient avec un sac plein de plumes.

– Il ne reste plus qu'à les broder sur ton justaucorps. Je vais demander à ma grande sœur de m'aider, elle est super douée pour customiser n'importe quel vêtement. Et si tu vois quelque chose qui te plait, n'hésite pas. Ici, tu peux tout emprunter.

Akira ne se fait pas prier. Elle vient d'apercevoir de longs rubans qu'elle prend avec elle :

– C'est bon, dit-elle, je crois que j'ai ce qu'il me faut.

Que va faire Akira avec ces longs rubans ?

Pour le découvrir, entoure les phrases dans lesquelles l'adjectif est épithète.

a. Angélique est une amie fidèle.
b. Son courage est exemplaire.
c. Les plumes de son costume sont blanches.
d. Akira utilise des rubans multicolores.
e. Les Zéphyrins sont des équilibristes célèbres.
f. Le numéro d'équilibrisme semble très risqué.

Si tu as entouré : b., c., f. → va au n° 11.
Si tu as entouré : a., d., e. → va au n° 17.

mémo 1

13

Non. Ton résultat n'est pas correct, tu as mal placé la virgule au résultat. → Refais l'exercice du n° 15.

14

Il fallait cocher : vrai, vrai (ex. : les flamants roses), faux (ex. : les aras), vrai (ex. : les hirondelles), faux (ils peuvent être granivores, insectivores ou omnivores).

→ Tu peux te rendre au n° 3.

15

Encouragée par les Zéphyrins, Akira accepte de participer au numéro. D'abord tremblante, elle s'installe sur la balançoire maintenue par James et Ludo. En bas, le clown les observe d'un air admiratif. Akira sent son cœur battre fort, très fort.

– À toi, dit Angélique, vas-y.

Akira tient bien serrées entre ses mains les cordes de la balançoire et s'élance. Alors qu'elle redoutait de se trouver dans les airs, elle se sent incroyablement légère. Comme les Zéphyrins le lui ont conseillé, elle ne regarde pas le sol mais le toit du chapiteau. Très vite, elle retrouve le plaisir qu'elle avait quand elle se balançait pendant des heures dans son jardin sous le cerisier. Incroyable ! Elle se sent libre comme un oiseau. Jamais elle n'aurait imaginé que c'était aussi agréable de virevolter à plusieurs mètres au-dessus du sol.

Dès que l'entrainement est fini, elle retrouve l'équipe sur la plateforme.

– Alors, lui demande Angélique, qu'est-ce que tu en penses ?

– C'était… très agréable. Au début, j'ai eu peur mais petit à petit, je me suis sentie légère comme…

– Comme une plume ! finit Angélique dans un rire. Si tu veux, nous pouvons t'apprendre quelques exercices. Tu as déjà fait des barres asymétriques à l'école ?

– Oui, j'étais même assez douée.

– Ça ne m'étonne pas. Alors, on va essayer quelques mouvements. Si tu ne t'en sens pas capable, ce n'est pas grave, tu as le droit de renoncer. On commence ? Après, nous irons faire quelque chose d'important.

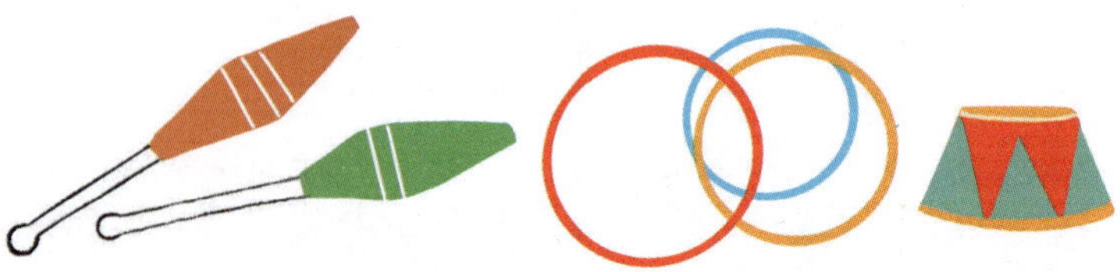

Que vont faire Angélique et Akira de si important ?

Pour connaitre leur secret, résous ce problème : Ludo est très haut au-dessus de la piste. Mais saurais-tu calculer à quelle distance du sol il se trouve ?

Il est d'abord monté par un escabeau de 10 marches, dont chacune mesure 14,7 cm de hauteur, puis il a emprunté 2 échelles en corde de 2,46 m de longueur chacune.

Si tu as trouvé 151,92 cm → lis le n° 4.
Si tu as trouvé 63,9 m → lis le n° 13.
Si tu as trouvé 639 cm ou 6,39 m → lis le n° 12.

mémo 16 mémo 24

16

Il fallait souligner : *ils voleraient, nous croiserions, vous finiriez, tu saluerais*. Si tu t'es trompé(e), souviens-toi que, pour la plupart des verbes, le présent du conditionnel se forme ainsi : radical de l'infinitif + terminaisons de l'imparfait.

→ Va au n° 15.

17

Le cœur d'Akira bat très fort. Tous les numéros avant le sien et celui des Zéphyrins ont été exécutés. La pression est énorme, sa prestation va être filmée, elle sait qu'elle est très attendue. Enfin, c'est à eux. Les trapézistes montent sur la plateforme tandis qu'Akira, blottie dans le noir, attend un peu avant de grimper par l'échelle en corde. Elle doit créer la surprise. Pendant que le public admire les prouesses de la troupe de trapézistes, émue, elle commence l'ascension. La musique accompagne les voltiges des Zéphyrins, le public apprécie le numéro. Akira arrive tout en haut. Tandis qu'elle s'apprête à monter sur la balançoire, elle entend Angélique qui lui dit :

– Tu es magnifique, ça va bien se passer.

Encouragée, Akira respire, ferme les yeux et s'élance dans les airs. En bas, le public se tait en voyant cette jolie

trapéziste couverte de plumes. Dès qu'Akira exécute ses premiers mouvements, les spectateurs retiennent leur souffle. La musique l'enveloppe, l'entraine. On entend un roulement de tambour. La jeune équilibriste fait une pirouette sur sa balançoire puis rejoint la plateforme. Son cœur bat à tout rompre. En bas, le public attend la suite, les caméras filment son numéro. Et si elle les décevait ? Et si elle tombait dans le filet de sécurité ? Akira se sent happée par le vide.

– Ne regarde pas en bas, lui conseille son amie, c'est très bien, continue !

– Je sens que je ne vais pas y arriver, lui répond Akira dans un souffle.

– Bien sûr que oui, tu vas réussir. Ce que tu as fait est déjà énorme, continue. Souris, tu es filmée, et n'oublie pas que nous sommes avec toi.

Encouragée, la finaliste des Petits Talents se lance sur son trapèze et effectue de nouvelles pirouettes. Puis, elle délie les longs rubans qu'elle a entourés à ses poignets. Émerveillé, le public lance des « oh ! » d'admiration. Akira continue. Très vite, enthousiastes, les spectateurs debout encouragent la jeune équilibriste.

– Tu vois, lui souffle Angélique pendant qu'Akira salue le public conquis, ce n'est pas si difficile que ça. Parfois, il suffit de savoir faire de la balançoire. N'est-ce pas, Miss Plume ?

FIN

Jeu 1 Décryptage

Akira a reçu un message avec le code suivant :

1	2	3	4	5	6	7	8	9
A	B	C	D	E	F	G	H	I
10	11	12	13	14	15	16	17	18
J	K	L	M	N	O	P	Q	R
19	20	21	22	23	24	25	26	
S	T	U	V	W	X	Y	Z	

Peux-tu l'aider à décoder ce message ?

$\frac{4}{2}$	$\frac{180}{10}$	$\frac{100}{100}$	$\frac{66}{3}$	$\frac{45}{3}$

$\frac{34}{2}$	$\frac{210}{10}$	$\frac{55}{11}$	$\frac{36}{3}$

$\frac{200}{10}$	$\frac{54}{54}$	$\frac{48}{4}$	$\frac{60}{12}$	$\frac{28}{2}$	$\frac{220}{11}$

C'est dans le journal ! Jeu 2

Akira a fait un rêve : sa prestation était relatée dans le journal. Mais des taches de boisson ont caché des lettres dans l'article.
Reconstitue le texte en accordant les participes passés quand c'est nécessaire.

LA GAZETTE

Un numéro extra

Akira s'était élancé dans les airs. En bas, le public s'était tu. Pour débuter, la jeune fille avait enchainé des pirouettes puis elle avait continué en s'accrochant par les pieds au trapèze.
Jamais Akira ne s'était senti aussi légère. Les spectateurs ont suivi son numéro sans faire de bruit, puis ils l'ont applaudi chaleureusement. Quelle émotion ! Depuis là-haut, la jeune fille les a salué. Puis, elle est descendu par une corde et a filé dans les coulisses.

Jeu 3 Léger comme une plume

Ce jongleur a une trajectoire bien précise pour ses balles.
Relie-les de la plus lourde à la plus légère.

Les charades

Jeu 4

Trouve la solution à chaque charade.

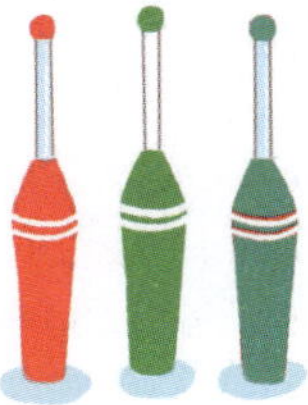

CHARADE 1

Tu trouveras **mon premier** en divisant 80 par 4.
Mon second bat fort quand on est ému.
Mon tout est celui qui a gagné.

_ _ _ _ _ _ _ _ _

CHARADE 2

Mon premier arrive en 7e position dans l'alphabet.
Mon second comprend 365 jours.
Mon tout est immense.

_ _ _ _ _

CHARADE 3

Mon premier est le verbe *vouloir* conjugué à la 1re personne du singulier au présent de l'indicatif.
On a **mon second** quand on doit quelque chose à quelqu'un.
Mon tout est une personne célèbre.

_ _ _ _ _ _ _

CHARADE 4

Mon premier est le verbe *être* conjugué à la 3e personne du singulier au passé simple.
Mon deuxième est ce que l'on fait avec des lacets.
Mon troisième comprend 365 jours.
Mon quatrième est très courant dans les bandes dessinées.
Mon tout se déplace sur un fil.

_ _ _ _ _ _ _ _ _

La lettre mystère est l'initiale de la réponse à la 2e charade.
Reporte-la à la page-indices p. 189.

Impressionne tes parents avec... un ORIGAMI PAPILLON

Pour fabriquer un papillon aussi léger qu'Akira, il te faut une feuille de papier format carré.

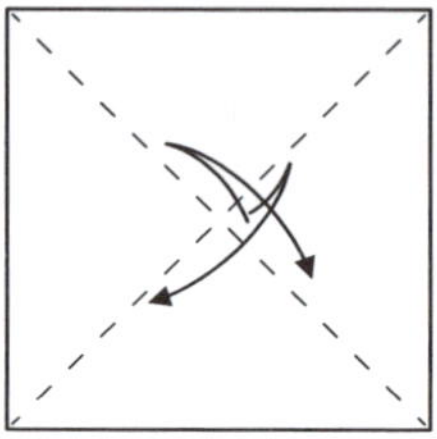

ÉTAPE 1 Plie le papier en deux, dans les deux sens, puis selon les diagonales.

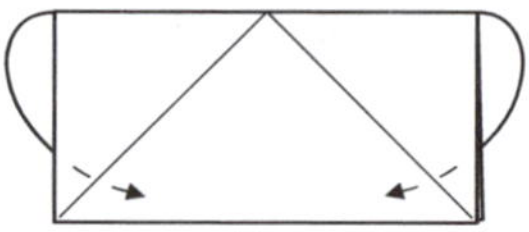

ÉTAPE 2 Plie pour obtenir un triangle.

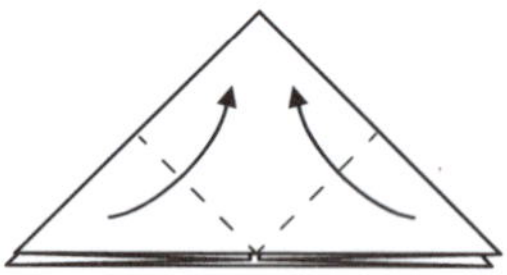

ÉTAPE 3 Ramène les pointes des côtés vers le centre.

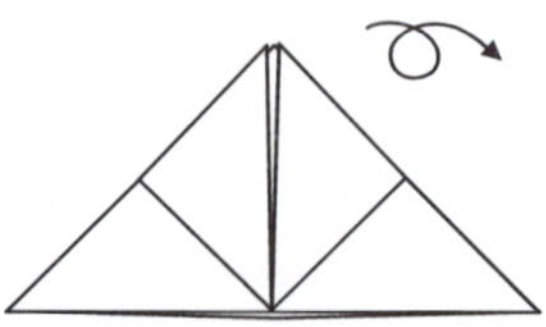

ÉTAPE 4 Retourne la feuille.

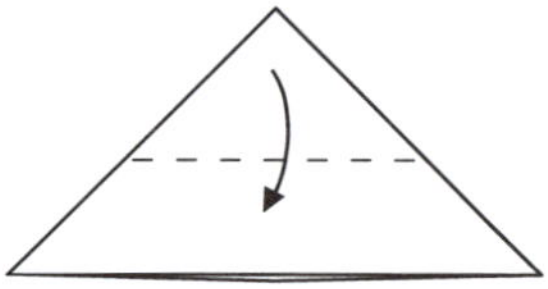

ÉTAPE 5 Plie la partie du bas vers le haut pour qu'elle dépasse légèrement.

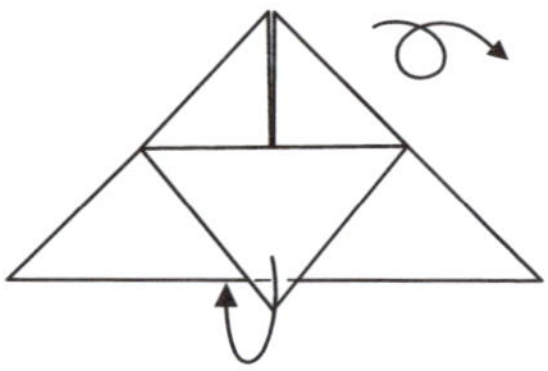

ÉTAPE 6 Rabats la pointe du haut et replie-la pour qu'elle tienne le reste du papier.

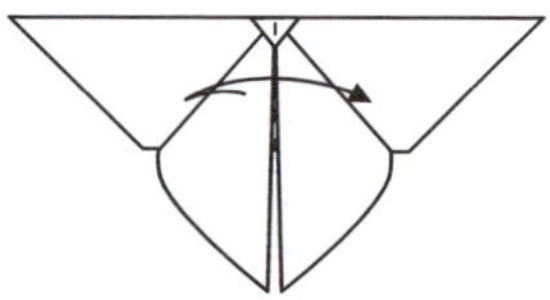

ÉTAPE 7 Retourne le papillon.

Titouan

Talent 3

De toutes les couleurs

1

La voiture qui attendait Titouan à la descente de l'avion roule dans les rues ensoleillées. Le véhicule stoppe face à une esplanade, dans un vaste parc qui domine la ville. Titouan repère un petit attroupement d'individus à quelques mètres de là. Sa portière s'ouvre.

– Le finaliste de l'émission Petits Talents dans la catégorie graff va donc réaliser une fresque gigantesque sur ce mur, entend-il un homme annoncer.

L'homme en question parle à un journaliste, lui-même accompagné d'un homme qui porte une caméra à l'épaule. Et il désigne le mur de dix mètres de long qui termine l'esplanade. Titouan descend de la voiture.

– Voilà justement celui que nous attendions ! s'exclame celui qui avait la parole.

Titouan s'approche. Il ne voit pas bien en quoi cela le concerne… Parmi ces gens, qui sont les membres de la famille qui doit l'accueillir dans le cadre de l'échange ?

L'homme délaisse la caméra pour aller à la rencontre de l'adolescent, suivi par une femme très brune.

– Bienvenue, jeune homme ! Je suis Timothée Crouton, le maire de la ville, et voici Marie-Dominique Bartoli, la conservatrice de notre musée d'art moderne. Oh, mais je vois que tu as apporté ton matériel, c'est parfait ! ajoute-t-il en désignant la petite valise à roulettes que tire Titouan.

Celle-ci contient des shorts, des slips, des tee-shirts et deux maillots de bain.

– Mon matériel ? répète Titouan.

– Eh bien oui ! Ton matériel pour réaliser la fresque ! sourit le maire.

De surprise, Titouan lâche la poignée de sa valise, qui bascule en arrière et tombe dans un nuage de poussière sèche.

– Eh bien, reprend le maire, j'espère que ton matériel n'est pas trop fragile !

Tout le monde prend-il vraiment Titouan pour un jeune graffeur talentueux ?

Pour le savoir, relie chaque pronom au verbe conjugué à l'imparfait qui convient.

descendait | réalisiez | désignais

nous | elles | vous | il | je

espérions | peignaient

→ Vérifie ta réponse au n° 8.

mémo 8

2

Faux. Pour t'aider, remplace les mots à chercher par un mot dont le sens est proche. Ex.: coud (*coudre*) ≈ attache (*attacher*), coup ≈ accident, cou ≈ col, cout = prix.

→ Recommence l'exercice du n° 7.

3

En attendant que Lisandru revienne avec le matériel, Titouan ouvre le bloc de papier. L'adjointe du maire lui tend un feutre fin en souriant. Titouan ôte le capuchon et commence à tracer quelques traits au hasard sur la première feuille. Toutes les personnes présentes se penchent au-dessus de la table. Titouan déteste qu'on le regarde écrire, alors là, ça s'annonce impossible.

– J'ai besoin de concentration, déclare-t-il.

Aussitôt, tout le monde recule à l'extérieur de la tente. Titouan se félicite. Enfin tranquille… C'était donc si simple que ça !

– Hum hum !

Titouan se retourne. Le maire est revenu dans la tente par l'autre côté.

– Naturellement, c'est toi qui décides, dit Timothée Crouton en se tordant le cou pour apercevoir la page du bloc, mais ce serait formidable que l'on puisse reconnaitre sur la fresque les personnalités qui ont marqué l'histoire de notre ville, afin de leur rendre hommage… Notamment Jean-Ernest Crouton, le précédent maire…

Titouan ne cache pas son étonnement :

– Tiens, il portait le même nom que vous ? demande-t-il.

Le maire perd alors son expression sérieuse pour arborer un visage de petit garçon.

– C'était mon papa, confesse-t-il.

Titouan regarde Timothée Crouton en hochant la tête.

– Bien sûr, promet l'adolescent.

Le maire sourit, ravi, et quitte la tente par le devant.

Quant à Titouan, il se demande plus que jamais ce qu'il va bien pouvoir inventer…

Titouan parviendra-t-il à faire une fresque en hommage aux personnalités de la ville ?

Pour le savoir, relie les points A, B, C, D, E, F, G en suivant leurs coordonnées, et découvre un objet qui sera utile à Titouan.

A (1 ; 5)
B (3 ; 3)
C (4 ; 2)
D (6 ; 1)
E (5 ; 3)
F (4 ; 4)
G (2 ; 6)

→ **Vérifie ta réponse au n° 15.**

mémo 20

4 

Il fallait compléter le tableau comme suit :

Composé	Sucre	Huile	Feuilles de thé	Sirop de menthe	Poivre	Sel
Mélange homogène avec l'eau	✗			✗		✗
Mélange hétérogène avec l'eau		✗	✗		✗	

Si tu t'es trompé(e), n'oublie pas qu'un mélange est homogène si on ne peut pas différencier ses constituants à l'œil nu.

→ Va au n° 3.

5 

Dans la tête de Titouan, ça fuse. Est-ce une farce ? Une caméra cachée ? Non, puisqu'il y a une caméra pas du tout cachée. À moins qu'il soit tombé sur une famille joueuse, qui a mis en place tout un tas de défis que Titouan va devoir relever… N'a-t-on pas prévenu les parents, à la réunion de préparation du séjour, que certains élèves pourraient avoir des surprises ?

Titouan n'est pas franchement doué en dessin. Mais quand son petit frère lui tend une feuille et un crayon en lui demandant de tracer les contours d'un lapin, d'un vélo ou d'un château fort, il arrive toujours à dessiner quelque chose d'acceptable.

– Viens, tu vas pouvoir t'installer, dit le maire.

Il entraine Titouan jusqu'à une tente dressée un peu plus loin sur l'esplanade, à l'abri du soleil et du vent. Titouan se retourne : le petit groupe les suit, conservatrice, journaliste et caméraman inclus.

Sous la tente, on a installé quelques chaises autour d'une longue table formée d'une planche posée sur des tréteaux. Un bloc de feuilles à petits carreaux se trouve dessus.

– J'imagine que tu vas faire un croquis ? demande Timothée Crouton.

Derrière lui, le caméraman sort un pied pour sa caméra. Le regard de Titouan passe du mur gigantesque, en face de lui, à ce bloc de papier. Un croquis, oui, c'est une bonne idée. Mais par où commencer ?

Pour gagner du temps, Titouan a alors une idée.

Quelle idée Titouan vient-il d'avoir ?

Pour le savoir, aide Titouan à passer du croquis sur la feuille de papier (au format 21 x 29 cm) à la grande fresque sur le mur. Pour bien respecter les proportions de son dessin, il a pris des mesures à la fois sur la feuille et sur le mur. Complète le tableau afin qu'il ait toutes les mesures.

Dimensions du croquis sur la feuille (en cm)	21	29	14	7		0,53	
Dimensions de la fresque sur le mur (en cm)		290			105		84

Coef. : ÷ ......

Coef. : x ......

→ Vérifie ta réponse au n° 10.

mémo 19

6

Faux ! Attention à ne pas confondre les décamètres (dam) et les décimètres (dm). Aide-toi du tableau de conversion du mémo. → Refais l'exercice du n° 9.

7

Titouan n'a pas à réfléchir longtemps. Timothée Crouton est vite de retour, les bras chargés de livres, magazines, classeurs et autres documents en tous genres.

– Je t'ai apporté de la documentation historique, indique le maire.

Il empile livres et classeurs sur la table qu'on a installée pour Titouan. Le garçon attrape le premier classeur à portée de main et l'ouvre. Il découvre les personnalités emblématiques de la ville ainsi que l'arbre généalogique de Timothée Crouton. Tous ses aïeuls masculins arborent une imposante moustache. Titouan lève les yeux : le maire actuel, lui, n'en a pas.

Titouan se demande comment il va bien pouvoir représenter ces individus. C'est tout à fait autre chose que de dessiner un lapin, un vélo ou un château fort !

L'assistant du maire débarque alors avec un diable chargé de cartons.

– J'ai trouvé tout ce que tu as demandé ! déclare Lisandru fièrement.

Titouan l'observe sortir plus de matériel qu'il n'en faudrait pour toutes les écoles de la ville. Derrière lui, trois agents municipaux sont en train de monter l'échafaudage contre le mur.

De nouveau, Titouan réclame qu'on le laisse seul pour qu'il puisse se concentrer.

– Il a déjà tout d'un grand artiste, murmure le maire à Lisandru en lui faisant signe de s'éloigner.

Le regard de Titouan passe des bombes de peinture à la documentation historique. Il ne va plus pouvoir reculer. Surtout que les agents ont presque fini d'installer l'échafaudage…

Comment Titouan va-t-il s'en sortir ?

Pour le découvrir, complète ces 4 phrases avec un homonyme du mot « cou ».

a. Nous n'achèterons pas des peintures à l'huile car le .... est trop élevé.

b. Titouan se dit qu'il n'a pas de chance, que tout ça n'est qu'un .... du sort.

c. L'artisan .... la bâche sur un immense cadre.

d. Titouan regardait partout, à s'en tordre le ....

Si tu as répondu : a. coup. b. coud. c. cout. d. cou
→ Va au n° 2.
Si tu as répondu : a. cout. b. coup. c. coud. d. cou
→ Va au n° 12.
Si tu as répondu : a. cout. b. cou. c. coud. d. coup
→ Va au n° 13.

mémo 13

8

Il faut associer : nous espérions, elles peignaient, vous réalisiez, il descendait, je désignais. En effet, les terminaisons à l'imparfait sont : *-ais, -ais, -ait, -ions, -iez, -aient*.

→ Rends-toi au n° 5.

9

Titouan s'affole. Il n'avait pas compris que sa prestation était filmée et qu'à aucun moment depuis son arrivée le caméraman n'avait éteint sa caméra…

De part et d'autre de l'esplanade, des curieux se sont aussi arrêtés pour l'observer.

Mais quelque chose inquiète encore davantage Titouan : que va penser le maire ?

Le garçon recule de quelques pas et contemple le mur. Franchement, ce n'est pas si mal. C'est abstrait, certes, mais gai et harmonieux. Les coulures ont donné une dynamique qu'il n'y a plus qu'à continuer. Titouan récupère les pots de peinture et il se met à prolonger les éclaboussures et les taches en choisissant systématiquement une couleur complémentaire. Puis il poursuit en utilisant les bombes et, à chaque fois qu'une forme un peu arrondie évoque celle d'un visage, il ajoute une paire de moustaches brunes. Il ponctue le tout par des jets de paillettes qui déclenchent des acclamations enthousiastes de la part des passants, de plus en plus nombreux. Titouan commence à être vraiment content de lui. Et s'il tentait de faire croire au maire qu'il a réalisé exactement ce qu'il avait prévu ?

Justement, Timothée Crouton arrive. Titouan le voit traverser l'esplanade, accompagné de son adjointe et de la conservatrice du musée d'art moderne. Mais à l'approche du mur, le maire se met à froncer les sourcils…

– Qu'est-ce que c'est que ça ? rugit le maire. Mais c'est horrible !

Gloups ! Titouan déglutit avec peine. Visiblement, Timothée Crouton déteste !

– Monsieur le maire n'aime que l'art figuratif… confirme Marie-Dominique Bartoli, la conservatrice du musée. Ceci dit…

– Comment as-tu pu arriver jusqu'en finale des Petits Talents ? l'interrompt le maire.

Timothée Crouton semble vraiment en colère. Et il n'a même pas remarqué les moustaches ! Titouan décide de lui dire la vérité : il n'est absolument pas le finaliste des Petits Talents. Et tant pis pour ce qui arrivera.

Titouan va-t-il révéler la méprise ?

Pour le découvrir, trouve l'unité qui convient :

157,5 cm = 1,575 …
1,87 dam = 18,7 …
127 dm = 12,7 …

545 dag = 5,45 …
3,97 kg = 3 970 …

Si tu as trouvé : ***m, cm, hm, hg, g*** **→ Va au n° 6.**
Si tu as trouvé : ***m, m, m, kg, g*** **→ Va au n° 16.**

mémo 24

10

Il fallait compléter le tableau comme suit :

Dimensions sur la feuille (en cm)	21	29	14	7	10,5	0,53	8,4
Dimensions sur le mur (en cm)	210	290	140	70	105	5,3	84

÷ 10 x 10

Pour calculer les mesures de la fresque, as-tu bien multiplié chaque mesure du croquis par le coefficient ? Pour trouver le coefficient, il faut diviser les mesures de la fresque par celles du croquis. → Tu peux te rendre au n° 14.

11

Tu t'es trompé(e). Tu as confondu l'imparfait (-*ais*) et le passé simple (-*ai*) à la 1re personne du singulier. À l'oral, on n'entend pas toujours la différence. Si tu as un doute, remplace par la 2e personne du singulier. → Refais l'exercice du n° 12.

12

Titouan sait qu'il ne peut plus reculer. Il n'a pas fait de croquis, juste tracé quelques traits au hasard sur la première feuille de son bloc. Alors il remet tout le matériel sur le diable que Lisandru a laissé dans un coin de la tente et il transporte le tout jusqu'à l'échafaudage.

Puis le garçon hisse un à un les cartons sur la structure métallique. Certains sont particulièrement lourds ! Enfin, il grimpe à son tour.

Titouan parcourt l'échafaudage sur toute sa longueur. La surface de mur est gigantesque ! Sans doute que de vrais artistes adoreraient avoir une carte blanche comme celle-ci. Mais lui…

Il revient aux cartons. Il examine la palette de couleurs des bombes et des pots de peinture. Puis il se demande si, de là où il est, il peut atteindre le haut du mur. Les agents ont visiblement utilisé les mesures habituelles, celles qui conviennent aux adultes… Titouan saute sur place. Oui ! En sautant, il parvient presque à atteindre le haut… Il saute encore en donnant une plus grande impulsion. Mais soudain… patatras ! Il perd l'équilibre et dégringole, entrainant l'échafaudage dans sa chute.

Attiré par le vacarme, Lisandru se précipite.

– Rien de cassé ? demande-t-il, inquiet, à Titouan recouvert d'un nuage de poussière sèche, comme sa valise un peu plus tôt.

Titouan fait quelques mouvements… Non rien de cassé, plus de peur que de mal ! Il se relève lentement tandis que Lisandru redresse l'échafaudage avec les agents venus en renfort.

Et c'est alors que Titouan découvre l'ampleur de la catastrophe.

Il n'est pas le seul à avoir fait une chute. La peinture aussi a valsé, et le mur est désormais décoré de grosses coulures anarchiques… Comment Titouan va-t-il rattraper le coup ? Il est en train de se poser la question lorsqu'il remarque les caméras…

Que va faire Titouan avec ce mur maculé ?

Afin de le découvrir, souligne en bleu dans son journal de bord les verbes à l'imparfait et en rouge ceux au passé simple.

En arrivant, je fus soudainement impressionné par la taille du mur. Pour commencer, je traçai quelques lignes au feutre. Après avoir choisi mes couleurs, je me lançai. Quelle émotion ! Les minutes passèrent à une rapidité incroyable. Tandis que je me disais qu'il me restait peu de temps, je constatai que j'étais en nage !

Si tu as répondu : disais, restait, étais / fus, traçai, lançai, passèrent, constatai **→ Va au n° 9.**
Si tu as répondu : traçai, lançai, disais, restait, constatai, étais / fus, passèrent **→ Va au n° 11.**

mémo 8 mémo 9

13

Tu t'es trompé(e). Réfléchis bien au sens des mots, selon les diverses orthographes.

→ Refais l'exercice du n° 7.

14

Titouan ouvre sa valise.

– Oh zut, j'ai oublié mon matériel ! improvise-t-il en faisant mine de découvrir ses vêtements. Je suis vraiment tête en l'air…

– Ce n'est rien, s'empresse de dire Timothée Crouton. Nous allons te fournir ce qu'il faut. De quoi as-tu besoin ?

Titouan visualise la zone de la classe dans laquelle est rangé le matériel de dessin et d'arts plastiques.

– Alors, il me faut : des bombes de chacune des couleurs de l'arc-en-ciel, de la peinture en pots, de la peinture en tubes… commence-t-il à énumérer.

– Lisandru, vous notez ? lance le maire à l'attention de son assistant, qui se tient un peu en retrait.

L'assistant tire un calepin de sa poche et note frénétiquement tout ce qu'énonce Titouan.

– … et aussi des brosses, des pinceaux, des rouleaux, des feutres, des marqueurs, des paillettes... et un masque de protection… continue celui-ci.

Il s'arrête. Que pourrait-il réclamer de plus ? Titouan lève de nouveau les yeux et observe le grand mur dont il va devoir faire sa toile.

– Ah ! Et bien sûr un échafaudage pour la partie haute, ajoute-t-il sur un ton de professionnel.

– Bien sûr, oui ! approuve le maire. Nous l'avions prévu.

D'un signe de tête, le dénommé Lisandru indique que tout est bien noté.

– Je m'en occupe ! déclare-t-il. Nous avons tout ce qu'il faut dans le local derrière la médiathèque, je fais l'aller-retour, précise-t-il avant de quitter la tente.

Titouan laisse échapper un discret soupir de soulagement. Il vient de gagner un peu de temps... mais le matériel lui sera apporté très rapidement et Titouan ignore bien ce qu'il va faire de tout ça !

Titouan va-t-il se lancer quand il aura le matériel ?

Pour le savoir, fais cet exercice. Titouan devra faire des mélanges de couleurs et de produits. Sais-tu si ces mélanges sont homogènes ou hétérogènes ?

Composé	Sucre	Huile	Feuilles de thé	Sirop de menthe	Poivre	Sel
Mélange homogène avec l'eau						
Mélange hétérogène avec l'eau						

→ **Vérifie ta réponse au n° 4.**

mémo 29

15

Pour identifier un point sur un quadrillage, on indique d'abord le repère horizontal, puis le repère vertical. Si tu as dessiné un crayon, bravo !

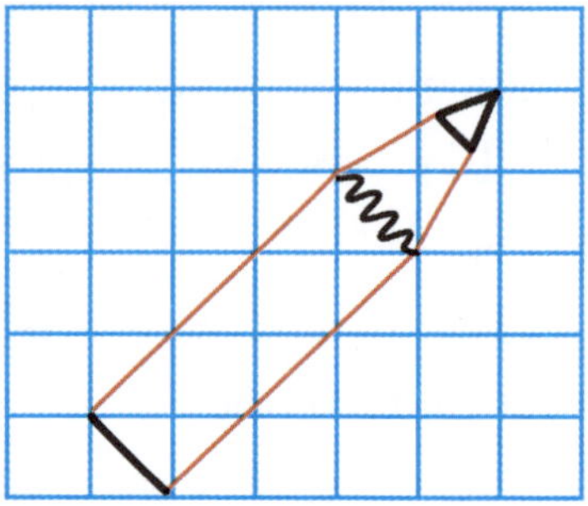

→ Va au n° 7.

16

Alors que Titouan s'apprête à ouvrir la bouche, la conservatrice du musée d'art moderne prend la parole.

– Ceci dit, déclare-t-elle, cette œuvre est vraiment intéressante. Pour ma part, je la trouve merveilleuse.

Marie-Dominique Bartoli s'arrête, visiblement émue, et porte une main à sa gorge. Le visage du maire se déride. Attirés par ses cris de colère, tous ses collègues de la mairie s'avancent sur l'esplanade. Les caméras se tournent vers Titouan, et l'homme qui porte la sienne à l'épaule s'approche de la conservatrice.

– Titouan, reprend celle-ci, tu es l'héritier de Miró et de Kandinsky dans sa période postimpressionniste ! Grâce à cette fresque, notre ville va devenir une référence dans le monde entier !

Titouan ouvre de grands yeux. A-t-il bien entendu ? Miró, Kandinsky… Il contemple sa fresque. Décidément, il en est content. Et il adore ces moustaches qu'il a glissées un peu partout, et que personne d'autre que lui ne semble voir.

– Qu'en pensez-vous, monsieur le maire ? demande la journaliste en braquant son micro sur Timothée Crouton.

Le maire se racle la gorge :

– C'est… c'est exactement ce que je disais à notre jeune ami.

– La fresque est validée ! répond le journaliste. Tu n'es pas le gagnant, mais tu vas recevoir le Grand prix de la Ville !

Les curieux qui s'étaient arrêtés se mettent à applaudir à tout rompre.

– Monsieur le maire, intervient alors son adjointe, vous n'avez plus qu'à vous laisser pousser la moustache.

Le maire fronce les sourcils tandis que l'adjointe désigne les figures qu'elle a identifiées sur la fresque.

– Vous avez parfaitement compris ce que j'ai voulu faire ! s'exclame Titouan.

La conservatrice lui serre très chaleureusement la main.

– Même dans votre discours, vous êtes déjà un immense artiste ! affirme-t-elle.

Titouan sourit et contemple son œuvre. Il n'est pas loin de le penser !

FIN

Jeu 1 Pots de couleurs

Titouan a décidé de peindre une bâche rectangulaire de différentes couleurs. La surface de ce grand rectangle fait 20 m².

Il a calculé chaque teinte en pourcentage mais le maire aimerait savoir à quelle surface cela correspond.

Traduis les pourcentages en surface, exprimée en m², et reporte tes résultats sur les pots.

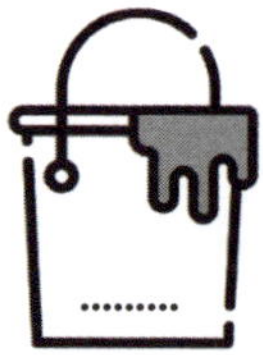

Violet	10 %
Orange	15 %
Rouge	5 %
Jaune	25 %
Bleu	20 %
Vert	7 %
Gris	18 %
Total	100 %
	= 20 m²

Un tableau en puzzle

Jeu 2

Titouan possède une affiche de cette œuvre.
Sauras-tu retrouver l'intrus parmi ces morceaux qui constituent la peinture de Vincent Van Gogh ?

La Chambre à coucher, 1889, Musée d'Orsay, Paris.

Jeu 3 Les mélanges de Titouan

Colorie ce mandala magique. Chaque chiffre correspond à une couleur secondaire, obtenue par le mélange de deux couleurs primaires.

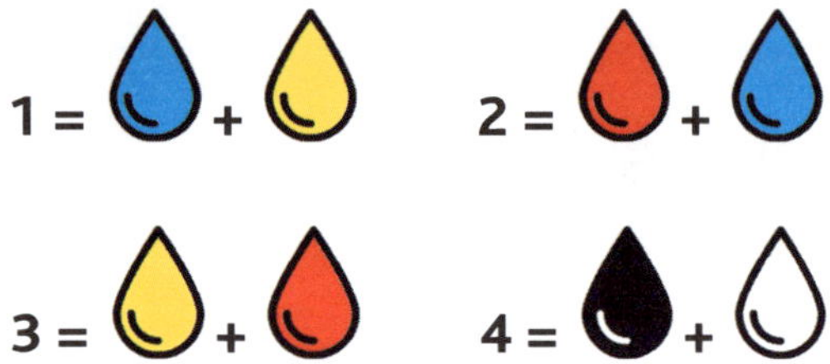

Trouve la lettre mystère et reporte-la p. 189 : c'est la dernière lettre de la couleur obtenue pour le chiffre 1.

Peintres célèbres

Jeu 4

Titouan est un artiste moderne.
Sauras-tu classer ces peintres du plus ancien au plus contemporain (n°1 à 6) et les relier à leur œuvre maitresse ?

n° ...

a. Pablo Picasso

n° ...

b. Léonard de Vinci

n° ...

c. Andy Warhol

n° ...

d. Henri Matisse

n° ...

e. Vincent Van Gogh

n° ...

f. Sandro Botticelli

- *La Joconde* (≈ 1503)
- *Guernica* (1937)
- *La Danse* (1909)
- *Les Tournesols* (1888)
- *La Naissance de Vénus* (1485)
- *Diptyque Marilyn* (portraits de M. Monroe, 1962)

Impressionne tes parents avec… un PASSE-PARTOUT ORIGINAL

Si tu veux mettre en valeur un dessin ou une photo, tu peux l'encadrer et créer un passe-partout personnalisé.

Le plus de Titouan

Tu peux utiliser différentes couleurs pour les couches de peinture ou bien tu peux faire des dégradés de couleur

ÉTAPE 1 Matériel

- un cadre plus grand que l'image
- l'image à encadrer
- du papier épais ou du carton de 2 mm d'épaisseur
- une règle, des ciseaux et un crayon à papier
- une carte en plastique (demande à tes parents une carte format carte de crédit qu'ils n'utilisent plus)
- de la peinture à l'eau (gouache ou acrylique)

ÉTAPE 2 Fabrication

Avec la règle, mesure ton cadre et découpe le papier épais de la même dimension que le cadre. Mesure ton image et reporte ses dimensions au centre du papier. Puis trace un contour à 5 mm à l'intérieur. Découpe cette forme intérieure, c'est ton passe-partout.

ÉTAPE 3 Décoration

Pour que ton passe-partout soit original, tu peux le décorer grâce à la technique de la peinture à la carte.
Dépose un peu de peinture sur le passe-partout. Étale-la avec la tranche de la carte. Attends que la peinture sèche, puis recommence.
Dispose ton image sur le fond du cadre en prenant soin de la fixer avec quelques points de colle. Pose ton passe-partout dessus une fois qu'il est sec et referme le cadre.

Léane

Talent 4

Comme sur des roulettes

Pour prendre l'avion, Léane a choisi des vêtements confortables : son jogging préféré et ses baskets fétiches, dans lesquelles elle est aussi bien que dans des chaussons.

À l'aéroport, elle est accueillie par un homme et une femme, eux aussi en jogging.

– Parfait, dit la femme, Barbara, après l'avoir saluée, tu es déjà en tenue.

Léane ne comprend pas bien cette remarque : mettre une tenue pour l'avion *après* avoir atterri n'aurait aucun sens !

– J'imagine que tu es impatiente de découvrir le lieu du défi… dit l'homme, Mario, en conduisant Léane jusqu'à l'endroit où est garée la voiture.

Le défi ? Léane ne relève pas, car la voiture démarre aussitôt et l'adolescente se plonge dans la contemplation du paysage. Mais alors que celui-ci défile par la fenêtre, Léane remarque un élément qui se répète : les affiches. Elles sont nombreuses dans le décor, et une en particulier revient souvent. Très souvent. « Défi skate : le parcours impossible », clame cette affiche. Et dans une étoile argentée, cette mention : « Avec la participation exceptionnelle de la finaliste des Petits Talents ». Barbara a parlé de tenue, Mario de lieu du défi… Léane fait vite le lien.

– Alors, ça te fait quoi de savoir que tu es attendue ? lui demande Barbara, comme si elle lisait dans ses pensées.

– Oui parce qu'en plus du public habituel, cette année, avec ta présence, il y aura les caméras de la télévision ! précise Mario.

Avec sa présence ? Léane comprend qu'on la prend pour la finaliste des Petits Talents. Elle est donc supposée participer à ce grand défi de skate. Sauf que du skate… elle n'en a jamais fait !

Léane va-t-elle révéler que c'est une méprise monumentale ?

Pour le savoir, aide Léane. Elle a croisé de nombreux panneaux. Tous sont des quadrilatères, mais comment savoir de quelles figures il s'agit ? Leurs angles sont droits, leurs côtés opposés sont parallèles mais les quatre côtés ne sont pas égaux…

Si tu penses que ce sont des losanges → va au n° 5.
Si tu penses que ce sont des rectangles → va au n° 6.
Si tu penses que ce sont des carrés → va au n° 7.

mémo 23

2

Tu t'es trompé(e). Tu as bien compté 16 segments, mais chacun mesure 5 m. → Recommence l'exercice du n° 11.

3

Faux. Identifie bien les sujets avant de conjuguer les verbes. → Recommence l'exercice du n° 15.

4

Diego se gratte le dessus du crâne tout en réfléchissant. Il est trop tard pour expliquer la méprise aux organisateurs, comme pour enseigner à Léane les rudiments du skateboard… Il faut trouver une solution pour limiter les dégâts.

– J'ai une idée ! s'exclame-t-il enfin.

Léane le regarde comme s'il avait le pouvoir de lui sauver la vie. Tous ses espoirs reposent sur lui.

– Qu'est-ce que c'est ? demande-t-elle en essuyant ses larmes d'un revers de la main.

Elle imagine que Diego possède un talent caché qui permettra de faire diversion. Ou qu'il est lui-même champion de skate et qu'il va proposer de prendre sa place ! Mais c'est tout autre chose que le garçon a en tête.

– Il suffit de coller tes baskets à la planche ! déclare celui-ci le plus sérieusement du monde. Ensuite, tu n'auras plus qu'à te laisser porter…

Léane considère Diego. Va-t-il éclater de rire ? Avouer que c'est une farce ? Pas du tout. Il ne plaisante pas et attrape même un pot de colle extra forte sur l'une des étagères des vestiaires. Après tout, pourquoi pas ?

Léane saisit sa planche et tend les jambes. Diego badigeonne les semelles de ses baskets de colle forte. Ses baskets préférées ! Puis Léane se met debout, en prenant appui sur l'armoire métallique.

– Pèse de tout ton poids pour que ça prenne bien, recommande Diego.

Léane s'exécute. Elle tente ensuite de lever un pied. Impossible, la planche jaune au décor végétal est comme soudée à ses semelles.

– Bon, je crois que ça a marché, confirme-t-elle.

– Super ! applaudit Diego.

Mais comment se déplacer jusqu'au lieu du défi, à présent ?

Comment Léane va-t-elle rejoindre le départ du parcours ?

Tu le sauras après avoir identifié entre quelles parties du parcours les skateurs sont en décélération, d'après les vitesses moyennes observées :

Parties du parcours	A	B	C	D	E	F	G
Vitesse moyenne (en km/h)	28	12	20	34	31	17	25

Il y a une décélération de A à B, D à E, E à F → va au n° 8.

Il y a une décélération de B à C, C à D, F à G → va au n° 10.

mémo 30

5 

Ce n'est pas la bonne réponse. Un losange a tous ses côtés de même longueur. → Recommence l'exercice du n° 1.

6 

Léane n'a toujours rien dit. Ultra timide, elle ne voit pas du tout comment détromper ses accompagnateurs. Et les voici qui arrivent sur le lieu du défi. La voiture se gare à l'arrière d'une haute tribune. Mais impossible de voir ce qui se trame de l'autre côté.

– Tu vas commencer par t'échauffer, annoncent Mario et Barbara.

Ils l'entrainent vers la partie technique, un peu en retrait des gradins. Léane découvre les vestiaires et l'espace d'échauffement.

– Je vais d'abord t'équiper, déclare Barbara.

Elle fait signe à Léane de la suivre jusqu'à l'endroit où sont rangées les protections. Elle en décroche plusieurs qu'elle tend à l'adolescente :

– Genouillères, coudières et casque ! énumère-t-elle. Enfin, je sais que tu connais tout ça par cœur.

Léane enfile les protections et se laisse poser un casque sur la tête.

– Très bien, dit Mario en vérifiant que le casque est bien fixé. À présent, la planche !

Il hésite devant l'alignement de skateboards. Il finit par se décider et attrape une planche jaune à motifs de feuilles.

– Celle-ci devrait correspondre à ta taille et à ton poids, assure-t-il. Le *grip** a été changé la semaine dernière et au besoin, j'ai les clés pour régler les *trucks**.

Le *grip* ? Les *trucks* ? Léane n'y comprend rien. Mario pousse la planche vers elle. Son regard et celui de Barbara sont braqués sur l'adolescente.

Celle-ci pose timidement un pied sur le skate. Qui roule aussitôt, à la grande surprise de Léane. Patatras ! Elle se retrouve assise par terre. Barbara et Mario éclatent de rire :

– Amusant, le coup de la débutante ! Heureusement que tu nous l'as fait après avoir mis les protections ! s'exclame Barbara.

Léane grimace. Comment va-t-elle pouvoir participer au défi si elle ne tient pas sur la planche ?

---

* Le *grip* est le dessus de la planche.
* Les *trucks* sont les pièces en métal, placées sous la planche, sur lesquelles on fixe les roues.

Léane va-t-elle réussir à remonter sur la planche sans tomber ?

Tu le sauras après avoir trouvé à quel champ lexical appartiennent les mots ci-dessous :

jogging basket skate

casque compétition

stade genouillère

Si tu penses que c'est l'habillement → va au n° 9.
Si tu penses que c'est le sport → va au n° 11.

mémo 15

7

Faux. Un carré a quatre côtés égaux.

→ Retourne à l'exercice du n° 1.

8

Cela devient en effet urgent : le présentateur vient d'annoncer que les premiers skateurs allaient prendre place au démarrage du parcours.

Barbara et Mario font irruption dans le vestiaire.

– En route, Léane !

– Ça roule ! répond celle-ci timidement, sans se rendre compte du jeu de mots.

– Je t'accompagne, propose Barbara.

– Non, je m'en charge ! intervient Diego.

Ouf ! Il tend la main à Léane et la tire hors des vestiaires.

Il aide l'adolescente à rouler. Ils passent entre les rangées de gradins pleins à craquer de spectateurs, puis Diego pousse Léane jusqu'au point de départ. Leur équipage amuse le public ; Léane, elle, tente de faire comme si tout ceci était parfaitement normal.

Les voici enfin arrivés. Pendant ce temps, sur le parcours, les premiers skateurs s'élancent.

– Tu restes avec moi ? implore Léane. Ça me rassure.

– Pas de problème, répond Diego.

Mais Léane n'entend pas sa réponse. Elle vient d'avoir une vision d'horreur en suivant des yeux les deux premiers skateurs. De près, la base inclinée s'avère bien plus haute qu'elle ne l'aurait cru, et, avec un tel élan, les skateurs prennent une vitesse folle ! Le troisième s'élance, et il enchaine les rotations aériennes sous les encouragements du présentateur et les acclamations du public…

Léane est terrifiée. Elle comprend pourquoi il était indiqué « le parcours impossible » sur les affiches. Non seulement elle va chuter, mais elle risque aussi de se blesser !

Soudain, les acclamations de la foule changent.

– Le Talent ! Le Talent ! répètent les spectateurs en délire.

C'est elle qu'on réclame ! Léane ne peut plus reculer…

Léane va-t-elle s'élancer sur le parcours ?

Tu le découvriras après avoir complété ce tableau. Les spectateurs ont été placés dans les gradins en fonction du nombre de personnes de chaque famille.

Nombre de sièges de la rangée occupés	Nombre de familles	Nombre de personnes dans la famille	Sièges libres
Dividende	**Diviseur**	**Quotient**	**Reste**
39	5	7	4
74	8		
48	6		
83	9		2

→ **Vérifie tes réponses au n° 16.**

mémo 17

9

Faux. Un champ lexical regroupe l'ensemble des mots ou expressions évoquant une même idée. → Refais l'exercice du n° 6.

10

Faux. On parle de décélération quand la vitesse d'un mouvement diminue. → Refais l'exercice du n° 4.

11

– Tu dois bouillonner à l'intérieur ! dit Barbara en adressant un clin d'œil à Léane. Nous sommes à deux pas de l'endroit où va avoir lieu le défi, et tu ne l'as pas encore vu.

– Ah, euh… oui, bien sûr, murmure l'adolescente.

Dire qu'elle avait rêvé de journées à la plage et de visites culturelles pour cet échange scolaire ! Le sport, Léane n'en fait que si elle est obligée.

Le public est en train d'arriver. Les premiers spectateurs prennent place sur les gradins, d'autres font un arrêt aux différents stands qui proposent des boissons et des encas. Dans les hautparleurs, la voix d'un commentateur se fait entendre à intervalles réguliers pour annoncer le compte à rebours avant le démarrage du grand défi.

Léane déglutit. Niveau pression qui monte, on pourrait difficilement faire pire.

– Tu viens ? insiste Barbara.

Elle guide Léane par un passage entre les gradins.

– Tadam ! s'exclame Mario, hyper enthousiaste.

Léane contemple ce qui s'offre à sa vue. Elle découvre une base inclinée, une pyramide, des rails, des vagues, un canyon, une pente et enfin un tremplin… Léane ne savait pas à quoi s'attendre.

« Ce n'est pas si impressionnant », pense-t-elle en observant le parcours vu d'en bas.

Ce qui l'inquiète, c'est qu'il est évident qu'elle va chuter aussitôt qu'elle se mettra debout sur la planche. Et le public s'annonce nombreux… Elle va se ridiculiser, c'est certain.

Léane trouvera-t-elle un moyen d'échapper au défi ?

Pour le découvrir, calcule le périmètre du terrain du défi, sachant qu'un segment mesure 5 m.

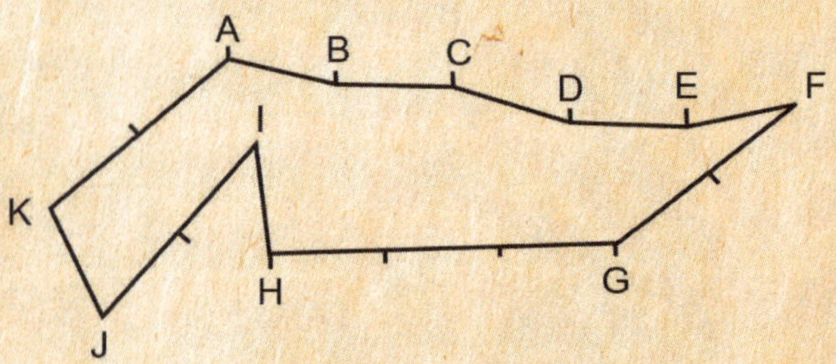

Si tu as trouvé 16 → Va au n° 2.

Si tu as trouvé 80 → Va au n° 15.

mémo 25

12

Faux. Beaucoup d'adverbes sont dérivés d'adjectifs…
→ Refais l'exercice du n° 13.

13

Diego regarde Léane droit dans les yeux.

– Pense que tu es un arbre, solidement enraciné au sol. Même le vent le plus fort ne parvient pas à le faire tomber ! Et tiens-toi souple sur tes jambes.

Léane enregistre les mots de Diego mais elle aimerait protester : bien sûr que si, le vent peut faire tomber les arbres ! À l'automne, une tempête en a fait tomber un dans le jardin de ses grands-parents ! Et comment faire pour rester à la fois solide et souple ? Il lui manque un mode d'emploi !

– Et le moment tant attendu est enfin arrivé ! rugit le présentateur dans son micro. La finaliste des Petits Talents dans la catégorie skate, qui nous fait l'honneur de sa présence, va s'élancer ! Si elle remporte ce défi, elle sera la grande lauréate !

Diego regarde Léane.

– Vas-y, murmure-t-il.

Les pensées qui se percutent dans l'esprit de Léane la paralysent. Alors l'adolescente ferme les yeux et sous les applaudissements… elle s'élance. C'est parti pour pire que les plus effrayantes montagnes russes ! Léane hurle comme quand elle fait des manèges à sensations mais les cris du public couvrent les siens. Les pieds de la skateuse restent bien collés à la planche… en revanche, elle craint que son cœur ne se décroche !

Léane prend une vitesse insoupçonnée sur la base inclinée, qui la propulse sur la pyramide, l'envoie glisser sur les rails, puis rebondir sur les vagues, dévaler le canyon…

« Souple sur les jambes », parvient-elle à se dire. Elle rouvre les yeux et la vitesse à laquelle le décor défile la fait vaciller. Oups, Léane vient de renverser quelque chose ! On dirait qu'il s'agit de la poudre de couleur que les artistes ont préparée pour décorer le canyon à la fin du défi… Souple sur les jambes ! Filant toujours à grande vitesse, Léane se rétablit et poursuit en roulant sur la pente. Mais voilà qu'apparait derrière elle un nuage coloré qui picote les yeux des spectateurs…

Que vient de déclencher Léane ?

Léane s'est élancée *courageusement* et *souplement*… Pour savoir ce qu'elle a déclenché, entoure les adverbes présents dans cette liste :

fortement · solidement · **supplément**
rapidement · **maintenant** · **vaguement**
échauffement · *officiellement* · soulagement
plutôt · *artistiquement* · rarement · **jamais**
longtemps · purement · d'abord · **rassemblement**

Si tu en as trouvé 5 → Va au n° 12.

Si tu en as trouvé 13 → Va au n° 17.

mémo 1

14

Ce n'est pas la bonne réponse. Le sujet n'est pas toujours placé avant le verbe… → Refais l'exercice du n° 15.

15

– L'heure de notre grand défi approche ! rugit la voix du présentateur dans les hautparleurs.

Mario et Barbara confirment en hochant la tête.

Mais le regard de Léane est attiré par un groupe d'artistes en train d'utiliser de la poudre de couleur.

– Que font-ils ? interroge-t-elle.

– Je crois qu'ils doivent décorer le canyon à la fin du défi… répond Barbara, incertaine.

Léane regarde les jeunes artistes en soupirant. Elle préférerait mille fois être à leur place qu'à la sienne. Barbara et Mario s'éloignent en lui faisant signe : plus de temps à perdre, le compte à rebours du démarrage progresse à grande vitesse !

Léane éclate en sanglots en revenant au vestiaire.

– Qu'est-ce qui t'arrive ?

Léane relève la tête. Qui a parlé ? Derrière une armoire métallique, un visage apparait. Celui d'un adolescent de l'âge de Léane.

– Je m'appelle Diego, se présente-t-il.

– Et toi aussi, tu vas devoir faire le défi ? lui demande Léane en séchant ses larmes.

Elle n'est peut-être pas seule dans cette galère…

– Pas vraiment… explique le garçon. J'accompagne juste mon père.

– C'est un champion de skate ?

– Non, c'est un journaliste pour la télévision. Il est venu faire un reportage sur le défi… Tu sais que la finaliste des Petits Talents va y participer ?

Léane recommence à pleurer.

– Je sais, c'est moi… sanglote-t-elle. Enfin, Barbara et Mario croient que c'est moi.

– Et ce n'est pas le cas ? s'étonne Diego.

– Non ! Il y a eu une erreur à l'aéroport. C'est la première fois de ma vie que je suis équipée comme ça, et je ne tiens même pas sur la planche !

Diego n'en croit pas ses oreilles.

Diego va-t-il pouvoir aider Léane ?

Tu le découvriras après avoir accordé ces verbes avec leur sujet en les conjuguant au présent de l'indicatif.

a. Le moment des descentes .... (*approcher*).
b. Sur la scène .... (*arriver*) les artistes : Léane .... (*rêver*) d'être à leur place.
c. Le journaliste et Diego .... (*être*) père et fils.

Si tu as écrit : approchent / arrive / rêve / sont
→ va au n° 3.
Si tu as écrit : approche / arrivent / rêve / sont
→ va au n° 4.
Si tu as écrit : approche / arrive / rêve / est
→ va au n° 14.

mémo 6

16 

Il fallait trouver :

Dividende	Diviseur	Quotient	Reste
74	8	9	2
48	6	8	0
83	9	9	2

Si tu as fait des erreurs, revois comment poser une division euclidienne. Tu dois pouvoir trouver un quotient et un reste (inférieur au diviseur). Si tes réponses sont correctes, bravo ! → Rends-toi au n° 13.

17

Léane ne s'est pas contentée de renverser les bacs contenant la poudre de couleur : elle a aussi roulé dedans. Le nuage coloré se dissipe peu à peu, et les spectateurs se frottent les yeux.

– Waouh ! s'exclament-ils, éblouis.

Léane finit le parcours. Une fois en bas des marches, elle remonte enfin vers le tremplin… et c'est comme si on avait accroché à sa planche un pot d'échappement qui crachait de la fumée couleur arc-en-ciel. C'est féérique ! Le public n'en revient pas, les spectateurs applaudissent à tout rompre !

Diego, qui en a profité pour se déplacer jusqu'au point d'arrivée, tend le bras. Léane lui attrape la main. Elle non plus n'en revient pas, mais c'est pour une autre raison : elle est arrivée indemne au bout du parcours impossible ! C'est un miracle !

Tandis qu'elle reçoit le prix de la meilleure prestation artistique, Léane se remet doucement de ses émotions.

– Tu devrais enlever tes baskets et redescendre en chaussettes, suggère Diego. Ne t'inquiète pas, je porte ta planche.

Léane éprouve un véritable soulagement à ne plus être sur des roulettes. Reprenant enfin ses esprits, elle suit Diego jusqu'à la zone où sont rassemblés les organisateurs et les journalistes. Tout à coup, elle fronce les sourcils.

– Tiens, qu'est-ce que c'est que ces trainées de couleur ? s'étonne-t-elle en voyant les brumes colorées qui flottent encore dans l'air.

Diego fait signe à son père. Celui-ci s'approche avec sa caméra et félicite Léane.

– J'ai la vidéo de ton exploit. Tu veux voir ? propose-t-il.

Léane acquiesce. En visionnant les images, Léane sent son cœur sur le point de se décrocher de nouveau !

– Veux-tu bien dire quelques mots à la caméra ? demande alors le père de Diego.

Léane accepte.

– Alors, l'interroge le journaliste, tu viens de remporter le prix de la prestation la plus artistique… Que retiendras-tu de cette performance ?

Léane réfléchit un instant, sourit à Diego, à son père, puis déclare :

– Eh bien, je ne ferai plus jamais de skate de ma vie !

FIN

Jeu 1

Quiz skate

Le skate, c'est tout un univers, comme vient de le découvrir Léane… Et toi, que sais-tu exactement de ce sport ?

Vérifie tes connaissances avec ce quiz !
Colorie les skates qui contiennent une phrase vraie.

1. Le skateboard est une discipline olympique.

2. Le skateboard est un sport de glisse.

3. Le skateboard est né au Japon.

4. Les espaces aménagés pour le skate s'appellent des *skateparks*.

5. Le fait d'inventer de nouvelles figures s'appelle le n'importe-skate.

6. Le dessus de la planche s'appelle le *grip*.

Et que ça glisse !

Jeu 2

Retrouve les noms de sports dans la grille. À toi de découvrir l'intrus dans le tableau.

EAU	kitesurf – rafting – surf – canyoning
TERRE	skateboard – trottinette – rollers – peau de banane
AIR	deltaplane – parapente
NEIGE	snowboard – ski – snowscoot

U	B	Z	P	B	K	R	E	P	W	E	X	B	J
D	O	I	A	C	M	T	A	E	O	V	R	O	S
P	A	D	R	Y	S	R	S	A	Q	E	O	B	N
G	V	E	A	A	N	O	K	U	T	R	L	H	O
U	U	L	P	C	O	T	A	D	M	Y	L	R	W
S	N	T	E	A	W	T	T	E	L	Q	E	Z	B
J	O	A	N	N	S	I	E	B	P	D	R	L	O
H	R	P	T	Y	C	N	B	A	C	J	S	S	A
D	A	L	E	O	O	E	O	N	P	H	F	S	R
Q	F	A	D	N	O	T	A	A	P	W	L	U	D
C	T	N	N	I	T	T	R	N	Y	A	J	R	H
D	I	E	K	N	O	E	D	E	D	L	O	F	B
Z	N	Z	B	G	Y	Z	G	N	S	K	I	H	U
F	G	U	P	K	I	T	E	S	U	R	F	V	Z

La lettre mystère est répétée trois fois dans l'intrus… et aussi dans le prénom de la femme qui est venue chercher Léane à l'aéroport. Relève-la et reporte cette lettre sur la page indices p. 189.

Jeu 3 Parcours à la loupe

Le parcours de skate sur lequel s'est élancée Léane comporte de nombreux éléments. **Trouve les 7 différences entre les deux parcours ci-dessous.**

Jeu 4

Pour mettre au défi les skateurs, les organisateurs ont prévu un nouveau parcours.
Trace le nouveau parcours à suivre en suivant les instructions.

Avance de 2 cases vers le sud, puis de 5 cases vers l'est, 1 vers le nord, 2 vers l'ouest, 3 vers le sud, 1 vers l'ouest, 2 vers le sud, et enfin 4 vers l'est.

Impressionne tes parents avec...

DE LA POUDRE DE COULEUR

Léane enchante les spectateurs en entrainant dans son sillage de la poudre colorée... À ton tour, réalise de la poudre de couleur pour une occasion spéciale.

Le plus de Léane

Tu peux utiliser ta poudre en organisant par exemple une bataille de couleurs en extérieur ou pendant le carnaval ! La pluie se chargera du nettoyage, car c'est biodégradable.

ÉTAPE 1 Prépare tes ingrédients

Pour 400 g de poudre environ (pour 1 personne), il te faut :

- 400 g de fécule de maïs
- un peu d'eau
- des colorants alimentaires liquides

ÉTAPE 2 Réalise ton mélange

Mélange la fécule de maïs avec un peu d'eau dans un grand récipient.
Ajoute l'eau petit à petit jusqu'à obtenir une pâte épaisse mais qui coule facilement.
Mets des gants et ajoute le colorant.
Plus tu en verses, plus la couleur de la poudre sera vive.
Si tu veux faire des poudres de différentes couleurs, répartis ta pâte dans plusieurs bols, afin d'y verser un colorant par bol.

ÉTAPE 3 Fais sécher à plat dans un moule

Ton mélange sèche en quelques jours dans une pièce sans humidité, ou en une demi-heure dans un four à 175 °C dont la porte reste entrouverte (fais-toi aider d'un adulte si tu optes pour ce mode de séchage).
Dès que des fissures apparaissent à la surface de la pâte, cela signifie qu'elle est sèche.
Tu peux alors la réduire en poudre en utilisant une cuillère en bois, jusqu'à obtenir une poudre fine à garder ensuite dans une boite hermétique.

Arthur

Talent 5

Abracadabradingue !

1

Dès son arrivée à l'aéroport, Arthur demande à son meilleur ami :

– Regarde, Malik. Ce ciel bleu, ce soleil, ces palmiers ! C'est magique non ?

Aucune réponse. Mais ce n'est pas ce genre de détail qui arrête Arthur. Il continue et demande :

– Malik, je sens que ça va être super ! J'ai hâte de découvrir où nous allons être logés. Tu vois ta famille d'accueil ?

Toujours pas de réponse. Arthur finit par se retourner et se rend compte qu'il parle tout seul. Aussitôt, il essaie de repérer les gens qui doivent l'accueillir. Mais il a beau chercher, il ne voit personne quand quelqu'un saisit son sac à dos et lui dit :

– Bonjour ! Bon voyage ? C'est votre seul bagage ? Rien d'autre à récupérer ? Pas de malle ? demande un homme

portant une casquette et une livrée* sombre.

– Euh non… bredouille Arthur. Je n'ai pas de malle.

– Ah bon ! On m'avait pourtant dit que pour la finale des Petits Talents, il me fallait prévoir une voiture spacieuse pour vos bagages. Bien, on y va ?

Devant l'insistance du chauffeur, Arthur se laisse convaincre et s'installe à l'arrière d'une immense limousine. Les vitres sont teintées, les sièges archiconfortables et les accoudoirs pleins de friandises. « C'est quoi cette histoire de Petits Talents ? » se demande-t-il. Puis, tout en mâchant un bonbon mou et coloré, il pense à son ami. « Quel dommage que Malik ne soit pas dans la même famille que moi. Il aurait adoré cet accueil ! »

Arthur a-t-il fait le bon choix en s'installant dans la limousine ?

Pour le savoir, fais un petit calcul… S'il avait dû acheter les bonbons, Arthur aurait payé 0,20 € pour chacun des 7 bonbons à la fraise, 0,15 € pour chacun des 3 bonbons au citron et 0,10 € pour chacun des 4 bonbons à la mangue.
Combien aurait-il dépensé ?

a. 2,1 € **b.** 2,25 € **c.** 19 €

Si tu as trouvé 2,1 € → va au n° 5.
Si tu as trouvé 2,25 € → va au n° 6.
Si tu as trouvé 19 € → va au n° 7.

mémo 16

* Une livrée : un uniforme

2

Faux. La phrase impérative peut se terminer par un point d'exclamation, et permet d'exprimer un ordre ou un conseil.

→ Recommence l'exercice du n° 6.

3

C'est faux. Tu as oublié de convertir toutes les quantités dans la même unité. → Refais l'exercice du n° 15.

4

Julia regarde Arthur en souriant et ce sourire redonne espoir au jeune garçon.

– Raconter des histoires ? Mais quelles histoires ? lui demande-t-il.

– Tu n'en as jamais inventé ? Ou bien peut-être en connais-tu par cœur ?

Arthur réfléchit et se revoit quelques années plus tôt, quand Tristan son petit frère avait trois ou quatre ans. Tous les soirs, il lui lisait des livres. Très vite, Arthur s'évadait du récit et inventait, pour les héros, de nouvelles péripéties. Son histoire préférée était celle où un chevalier sur son cheval partait terrasser un dragon. Tandis qu'il cheminait, l'homme rencontrait des animaux fantastiques qu'il combattait. À la fin, un cygne apparaissait et le conduisait à une princesse.

– Je me souviens que je racontais des histoires à mon petit frère.

– Et il aimait ?

– Il adorait.

– Eh bien, tu vois Arthur, ce n'est pas si compliqué que ça. Ces petits monstres excités sont aussi des enfants. Raconte-leur quelque chose de passionnant et, si tu y mêles des tours de magie, crois-moi, ils se calmeront.

Arthur sourit en observant Julia. Cette fille est un mélange de douceur et de force. « Peut-être que je ne vais pas plaire au public, se dit-il, mais j'aurai au moins rencontré la fille la plus charmante de la terre. Alors, pourquoi ne pas essayer ? Il me reste un peu de temps avant le spectacle de ce soir. Ce n'est pas beaucoup, mais c'est mieux que rien. »

Arthur va-t-il réussir à mettre au point un spectacle ?

Pour le découvrir, entoure d'une même couleur les mots d'une même famille. Quels sont les deux intrus restants ?

magie fièvre magicien festif

spectacle fête spectaculaire magique

spectateur fraternel festoyer

→ **Vérifie tes réponses au n° 10.**

mémo 14

5

Faux. Multiplie le nombre de chaque type de bonbons par son prix, puis additionne chaque résultat.

→ Refais l'exercice du n° 1.

6

Après avoir passé l'immense grille en fer forgé, la limousine roule encore quelques minutes pour enfin s'arrêter devant une imposante demeure. Dès qu'il descend du véhicule, Arthur admire la façade en pierre, la terrasse où des fauteuils et des canapés sont disposés sous des parasols clairs. Plus loin, au-delà de la pelouse impeccablement entretenue, le garçon aperçoit un terrain de golf et une piscine deux fois plus grande que celle de son quartier. « Génial cet hébergement ! » se dit-il en récupérant son sac à dos. Puis, tandis qu'il se dirige vers la porte de la maison, le chauffeur le rattrape et lui dit :

– Par ici, jeune homme, l'entrée des artistes se trouve du côté de l'office, la porte derrière la bâtisse.

« L'entrée des artistes ? Cet homme a une très haute opinion de ma personne » pense Arthur en se dirigeant vers la porte. Dès qu'il pénètre à l'intérieur de la maison, il est accueilli par une femme qui lui dit :

– Bonjour. Je suis Elmy, la gouvernante. Je suis heureuse de vous recevoir… mais hélas, nous n'avons pas le temps de faire plus ample connaissance… les caméramans sont en place, tout est prêt pour vous filmer.

– Me filmer ?

– Eh bien, oui, vous filmer, vous étiez bien au courant ?

Arthur ne sait quoi répondre à cette femme large et haute comme l'armoire de sa grand-mère.

– Pour vous changer, ajoute-t-elle sans lui laisser le temps de parler, c'est dans le petit bâtiment près de la piscine. Faites vite, monsieur Adam n'aime pas attendre et, en plus, il est de très mauvaise humeur. Inutile de dire que notre petit maitre n'a aucune patience et qu'il est très exigeant question numéro de magie.

– Je dois faire de la magie ! Je suis... enfin... ne suis pas...

– Écoutez, on n'a pas le temps de discuter. Il est hors de question de faire attendre monsieur Adam.

– Mais…

– Il n'y a pas de « mais ». Il faut vous préparer. Et sans attendre. Compris ?

Arthur va-t-il pouvoir s'échapper de cette situation et retrouver sa classe ?

Pour le découvrir, trouve le type ou la forme de chaque phrase : déclarative (DEC), exclamative (EXC), interrogative (INT), impérative (IMP).

a. Il faut vous préparer. ....

b. On n'a pas le temps de discuter ! ....

c. Vous étiez bien au courant ? ....

d. Faites de la magie ! ....

Si tu as trouvé : a. DEC, b. IMP, c. INT, d. EXC
→ va au n° 2.

Si tu as trouvé : a. DEC, b. EXC, c. INT, d. IMP
→ va au n° 11.

mémo 3

7 

Tu t'es trompé(e). Il faut d'abord calculer la dépense pour chaque type de bonbons séparément, puis additionner les 3 résultats obtenus. → Recommence l'exercice du n° 1.

8

Tandis que Julia rejoint le groupe des enfants sur la terrasse, Arthur répète son histoire dans sa tête. Une fois, deux fois, trois fois, dix fois. Il se souvient maintenant des passages qu'il mimait et qu'il illustrait en faisant des ombres chinoises. Son petit frère adorait la bataille avec le serpent géant, le combat contre le dinosaure ou les énormes baleines. Tristan aimait aussi les moments où le chevalier chevauchait à travers la campagne peuplée d'oiseaux géants et d'immenses plantes. Mais ce qu'il adorait le plus, c'était la scène finale, où le chevalier délivrait la princesse.

« Bon !, se dit Arthur, si je ne bafouille pas trop, ça devrait aller pour l'histoire. » Question magie, le jeune garçon ne se sentait pas très à l'aise. Mais pour faire plaisir à Julia, il était prêt à tenter sa chance.

– Et maintenant mes chers enfants… annonce une voix dans un micro, je vous demande d'accueillir le plus grand, le plus célèbre des magiciens ! Le finaliste de l'émission Petits Talents dans la catégorie Magie !

Arthur dans son beau costume traverse la pelouse tout en se demandant ce qui l'attend. Dès qu'il monte sur la scène, il essuie son front, ses mains sont moites. Face à ce public surexcité et aux caméras de l'émission Petits Talents, il cherche à se raccrocher à un regard, à un sourire. Envahi par le trac, il ne voit pas Julia.

Arthur est bien seul. Va-t-il s'en sortir ?

Pour le savoir, aide-le dans sa préparation des ombres chinoises.

Arthur a dessiné une figure sur un papier cartonné. Pour l'épaissir, il veut plier la feuille en deux, le long d'une baguette, qui fera office d'axe de symétrie. **Complète son dessin en respectant la symétrie axiale.**

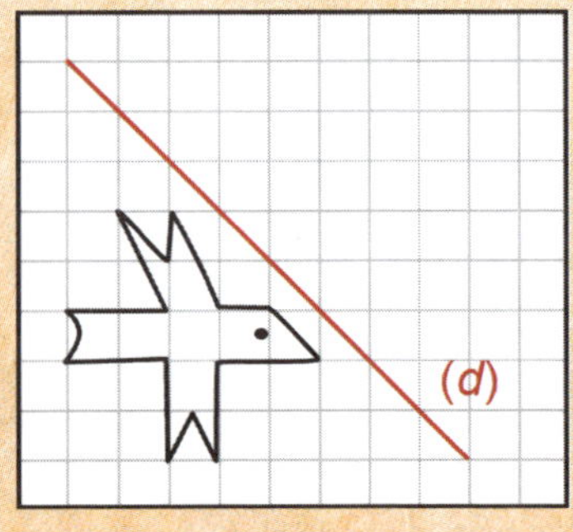

→ **Vérifie ta réponse au n° 16.**

mémo 22

9

Faux. Le pétrole et le charbon, par exemple, ne sont pas renouvelables. → Retourne à l'exercice du n° 11.

10

Il y a 3 familles de mots : magie, magicien, magique / festif, fête, festoyer / spectacle, spectaculaire, spectateur. Les intrus sont : fièvre, fraternel. → Rends-toi au n° 8.

11

Tout en marchant vers l'endroit indiqué par Elmy, Arthur réfléchit. « Faire des tours de magie devant le petit monsieur de la maison, c'est une blague » se dit-il. Pourtant Elmy n'est pas du genre à plaisanter, mieux vaut lui obéir. Dès qu'il arrive dans le bâtiment près de la piscine, il n'a aucun mal à trouver les vêtements soigneusement rangés dans une armoire. Ils sont dignes des plus grands magiciens. Arthur choisit un costume en satin crème dont le col est orné de paillettes, un chapeau haut de forme et des gants violets. Après avoir passé l'ensemble, il bombe le torse et s'observe dans

un miroir. « Je ne serai peut-être pas le champion du tournoi mais sans doute un des plus beaux, se dit-il, dommage que maman ne me voie pas ! » Mais Arthur n'a pas le temps de s'admirer plus longtemps. Des cris le rappellent à la réalité. Sur la terrasse, des enfants sifflent, tapent des pieds. Arthur sent des gouttes de transpiration perler sur son front et se demande : « Mais qu'est-ce que je vais bien pouvoir présenter à ce public déchainé ? » Puis, il se souvient du seul tour qu'il a appris il y a bien longtemps : la disparition d'un crayon grâce à un mouvement du poignet qui permet de cacher l'objet à l'intérieur de la main. Arthur s'y essaie, rate, essaie à nouveau, s'entraine et finit par y arriver. « Ce n'est pas mal, se dit-il, mais ce n'est pas avec un seul numéro que je vais arriver à calmer cette meute d'enfants… »

Arthur va-t-il se souvenir d'autres tours de magie ?

Pour le savoir, souligne en vert les sources d'énergies renouvelables.

a. le vent **b.** l'énergie nucléaire (uranium)
c. le charbon **d.** le bois **e.** le pétrole
f. l'eau **g.** le soleil

Si tu as souligné a., b., c., e., g. → Va au n° 9.
Si tu as souligné a., d., f., g. → Va au n° 15.

mémo 31

12

Il fallait écrire : *il raconta, ils écoutèrent, nous applaudîmes, je pus, vous prîtes, tu vis.* → Tu peux aller au n° 17.

13

Cela fait deux ou trois minutes qu'Arthur a commencé à raconter son histoire, pourtant il lui semble qu'une éternité s'est écoulée. Impossible de se concentrer, il entend des bruits de papiers de bonbons qu'on froisse, des rires étouffés, des discussions à voix haute. Arthur n'a qu'une envie : s'enfuir loin, très loin de ce cauchemar quand, près de lui, il entend une voix :

– C'est bien, continue ! dit-elle.

Julia est dans les coulisses. Elle lance un morceau de musique, puis tend devant Arthur un cerceau recouvert d'un tissu blanc. Aussitôt, le jeune garçon reprend son récit et mime chaque scène en ombres chinoises. Peu à peu, le calme se fait dans le public. Arthur continue, il mime son chevalier qui s'attaque au serpent géant. Parmi les spectateurs, quelqu'un s'écrie :

– Attention ! Attention ! Il revient.

Arthur sourit. Ça y est, la magie opère. Il continue son récit. Maintenant sa voix devient plus puissante. Il raconte la scène où le chevalier combat le dinosaure. Dans le public, un garçon lance :

– Vas-y ! Fonce ! Tu peux y arriver !

Arthur continue. Dès qu'une figure en ombre chinoise apparait, le public est ravi, les enfants mais aussi les

parents applaudissent. La scène avec les baleines est un délire, celle avec les oiseaux aussi.

– Défends-toi ! Attaque-les ! s'écrie Adam, le fils de la maison. Fonce, ne te décourage pas.

Arthur sait qu'il a gagné le cœur du public. Mais il se demande si le dernier tableau va séduire ses spectateurs. Il se concentre. C'est le moment où il doit mimer la jeune fille que le chevalier retrouve. Dans le public, le silence est total, il entend même la respiration d'un petit garçon qui est devant lui. Quand apparait la silhouette, une fille lance :

– Oh ! Voilà la princesse !

Mais Arthur ne laisse pas à son public le temps de s'émouvoir. Il fait signe à Julia de s'approcher et tandis que la musique joue un magnifique morceau de violon, il surgit dans son costume blanc, soulève son chapeau, d'où il fait apparaitre les quelques fleurs qu'il y avait cachées.

Arthur va-t-il toucher Julia grâce à ce geste ?

Si tu veux le savoir, complète les verbes au passé simple.

il racont.............. ils écout..............
nous applaud.............. je (*pouvoir*) p..............
vous (*prendre*) p.............. tu (*voir*) ....

→ **Vérifie tes réponses au n° 12.**

mémo 9

14

Oups ! Tu as oublié de convertir la quantité de sirop de grenadine en cL. → Retourne à l'exercice du n° 15.

15

Arthur donnerait cher pour quitter cette luxueuse propriété. Mais comment expliquer à ces enfants gâtés que le spectacle est constitué d'un unique numéro et qu'ils n'auront pas d'autre tour de magie ? Peut-être pourrait-il s'enfuir en traversant la pelouse ? Il pourrait regagner l'entrée de la propriété et demander au gardien qu'il appelle madame Charpentier, la responsable des échanges avec les familles. Mais il a trop peur d'être rattrapé par la gouvernante ou le chauffeur. « Que faire ? » se demande-t-il à voix haute. « Je suis le magicien le plus nul de tous les magiciens nuls. » Quand une voix lui répond :

– Mais pourquoi dis-tu ça ? Moi, je te trouve magnifique. Très bon choix de costume.

Arthur se demande s'il entend des voix. Il fait un tour sur lui-même et découvre qu'il n'est pas seul. Une fille, qui doit avoir son âge, est assise sur une pierre, à quelques mètres de lui.

– Je m'appelle Julia, dit-elle simplement. C'est quoi déjà ton nom ?

– Arthur.

– Arthur, comme le roi ?

– Non, Arthur, comme le plus médiocre des magiciens.

La fille porte une robe du même bleu que ses yeux.

– Tu es là depuis longtemps ? lui demande le jeune garçon.

– Assez longtemps pour comprendre que tu n'es pas un magicien professionnel et que tu vas devoir affronter un groupe d'enfants excités comme des puces.

– La situation est bien résumée, laisse tomber le jeune garçon. À mon avis, je vais finir sous les huées et les moqueries.

– Pas forcément.

– Ah bon ! Tu as une idée pour me sauver de cette situation ?

– Trouve ton style. Que sais-tu faire de mieux ?

Arthur sourit. Il se voit dans sa classe racontant des histoires rigolotes.

– J'aime bien raconter des histoires, répond-il.

– Eh bien, mélange magie et récit. Moi dans la vie, j'adore écouter des contes. Si tu associes les deux, cela devrait être superbe. Tu ne veux pas essayer ?

Arthur va-t-il trouver des histoires à raconter ?

Pour le savoir, résous ce problème.

Pour les enfants, Elmy a préparé un cocktail. Elle a mélangé 50 mL de sirop de grenadine, 50 cL de jus de mangue, 10 cL de jus de goyave et 0,3 L d'eau gazeuse.

Combien le cocktail mesure-t-il en cL ?

a. 110,3 cL **b.** 95 cL **c.** 140 cL

Si tu as trouvé a. → Va au n° 3.
Si tu as trouvé b. → Va au n° 4.
Si tu as trouvé c. → Va au n° 14.

mémo 24

16

Il faut reproduire la figure comme ceci :

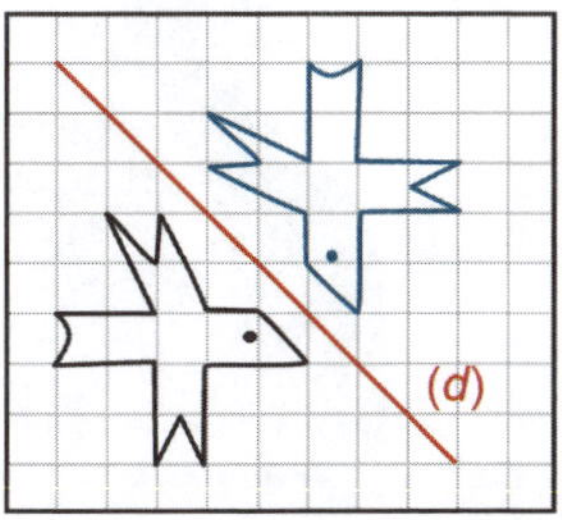

→ Va au n° 13.

17

Sous un tonnerre d'applaudissements, Arthur salue le public :

– Une autre histoire ! Je veux une autre histoire ! lui demande Adam. C'est génial !

Le jeune magicien n'en revient pas. En quelques secondes, il est devenu une célébrité. Les enfants veulent des autographes, certains désirent un bout de son costume en souvenir, d'autres se font photographier avec lui.

– Alors, jeune homme, que dites-vous de ce succès ? lui demande le papa d'Adam. Quelle merveilleuse idée ce numéro d'ombres chinoises et de magie, c'était comment dire…

– C'était poétique, continue la maitresse de maison. Arthur, je crois que vous avez inventé un nouveau style. À titre personnel, je vous décerne le prix du numéro poétique. Quel talent ! Vous allez faire une immense carrière.

Une carrière de magicien, Arthur ne l'envisage pas. Enfin, pas tout de suite. En revanche, il aimerait rejoindre Julia. Dès qu'il réussit à se frayer un passage parmi ses admirateurs et les caméramans qui rangent leur matériel, il part à sa recherche. Il finit par la retrouver près de la piscine. Dès qu'il arrive à sa hauteur, il lui dit :

– Merci Julia.

– Merci de quoi ?

– D'avoir cru en moi, parce que…

– Parce que quoi ?

– Parce que le véritable tour de magie, c'est d'avoir pensé que je pouvais y arriver. Tu ne crois pas ?

FIN

Jeu 1 Cherchez l'erreur...

Arthur a plus d'un tour dans son sac. **Retrouve l'image qui est différente des autres.**

a.

b.

c.

d.

e.

f.

Mots cachés magiques

Jeu 2

Retrouve, dans la grille, les mots correspondant aux définitions suivantes.

HORIZONTAL :
1. On peut y trouver un lapin à l'intérieur.
2. Indispensable pour faire apparaitre et disparaitre quelque chose.
3. Vieux livre contenant des recettes de magie.
4. Elle est le contraire de la réalité.
5. Elle peut s'envoler d'un foulard.
6. Chaque artiste fait le sien.

VERTICAL :

7. Avec ses longues oreilles, il est souvent l'assistant du magicien.
8. C'est l'art de produire des choses inexplicables.
9. Le magicien en fait souvent plusieurs.

B	M	C	H	A	P	E	A	U	M
B	A	G	U	E	T	T	E	G	A
K	G	R	I	M	O	I	R	E	R
L	I	N	V	X	U	Y	S	F	T
A	E	S	U	E	R	B	Q	C	I
P	I	L	L	U	S	I	O	N	N
I	E	C	O	L	O	M	B	E	P
N	N	U	M	E	R	O	X	M	G
D	R	A	G	O	N	Z	M	I	L

Jeu 3

Chapeau !

Relie chaque mot ou expression à sa définition.

a. Comme par magie

b. Faire sortir du chapeau

c. Faire illusion

d. Abracadabrant

e. Se faire des illusions

f. Faire marcher à la baguette

g. Un sacré numéro

h. Se bercer d'illusions

- Faire apparaitre une solution inattendue
- Extravagant
- Se tromper à propos de quelque chose ou de quelqu'un
- Une personne qui se distingue des autres par son comportement
- Surestimer ses capacités
- Comme par enchantement
- Donner une apparence fausse
- Commander

Lettre mystère

Jeu 4

Relie les nombres impairs par ordre croissant. Alors apparaitra une lettre qui te permettra de connaitre le mot mystère.

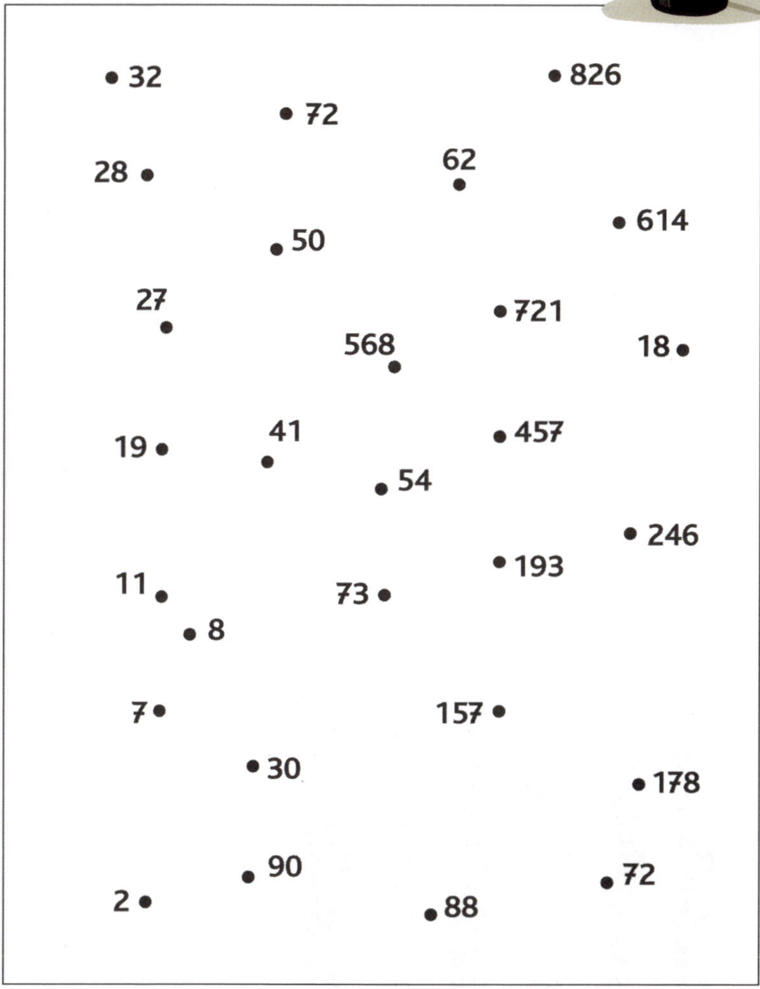

Reporte cette lettre mystère p. 189.

Impressionne tes parents avec...

DES ILLUSIONS D'OPTIQUE

Il n'y a pas qu'Arthur qui soit capable de faire de la magie ! Toi aussi, tu peux étonner la galerie grâce à ces illusions d'optique !

ÉTAPE 1 Matériel

- une feuille quadrillée et une feuille blanche
- un feutre noir ou de couleur foncée et un crayon à papier
- une règle
- une paire de ciseaux
- un bâton de colle

ÉTAPE 2 Montre de près... puis de loin !

Trace un rectangle de 11 cases sur 9 sur la feuille quadrillée.
Colorie soigneusement une colonne sur deux de la même couleur.
Découpe ensuite chaque ligne, puis colle-les une à une horizontalement sur ta feuille blanche, mais en respectant un léger décalage entre chaque colonne, comme sur l'image ci-dessous.

C'est prêt ! Montre à tes parents ou à tes amis : ils croiront que les lignes horizontales sont obliques et irrégulières, alors que tout est régulier !

Le plus d'Arthur

Dessine sur une feuille blanche des cercles rapprochés et de plus en plus grands, puis colorie en noir un intervalle sur deux. En fixant l'image, on dirait que les lignes bougent !

Fatou

Talent 6

Hip-hop hop ! Hourra !

1

Dès sa descente d'avion, Fatou s'interroge. À quoi vont ressembler les membres de sa famille d'accueil ? À ses voisins, les Lamothe, toujours tirés à quatre épingles, jupes plissées pour les filles, shorts au-dessus du genou pour les garçons, ou aux Marquevitch, toujours habillés de jeans à trous et de t-shirts informes ? Elle a beau dévisager les personnes qui attendent les passagers, elle ne perçoit aucun signe dans sa direction. Mince alors, l'aéroport se vide et personne ne semble chercher la jeune fille. Fatou tire nerveusement sur sa chemise à fleurs. Elle s'apprête à aller parler à madame Charpentier, la responsable de l'échange scolaire, quand un jeune homme et une jeune femme, chaussés de sneakers montantes et habillés de sarouels molletonnés foncent vers elle et s'emparent de sa valise.

– Désolé ! Nous avons dû aller chercher des tenues chez notre sponsor, il était en retard. Je suis Jon et voici miss Kelly, dit le jeune homme. Tu vas bien ? C'est super, on est contents de te rencontrer. Mais viens vite, on parlera dans la voiture.

– Géniale ta tenue ! s'exclame miss Kelly en riant. C'est pour passer incognito ?

Mais de quoi parle-t-elle ? Fatou n'est pas une star. C'est même tout le contraire. S'il y a bien quelqu'un qui déteste se faire remarquer en classe, c'est elle. Dans la voiture aux vitres teintées, la jeune fille aurait aimé poser mille questions. Mais la musique est si forte, que personne ne l'entend. Enfin, Jon se gare devant un immense bâtiment moderne où un panneau annonce : Grande Battle hip-hop. Puis, il se tourne vers elle et lui dit :

– C'est un honneur de t'avoir avec nous. Tu es la meilleure. Demain, on compte sur toi pour gagner à l'émission Petits Talents.

Et sans que Fatou puisse ajouter un mot, il lui tend un paquet et lui dit :

– Prends cette tenue, elle a été spécialement conçue pour toi.

Mais quelle est donc cette tenue ?

Pour le découvrir, associe les noms et les adjectifs afin de former des groupes nominaux qui vont dans le sens du texte ci-dessus :

un sarouel ●	● fleurie
une jupe ●	● troué
une chemise ●	● ample
un jean ●	● montantes
des chaussures ●	● plissée

→ **Vérifie ta réponse au n° 8.**

mémo 5

2 

Faux. Tu as confondu le passé composé et le plus-que-parfait. Au plus-que-parfait, l'auxiliaire *avoir* est conjugué à l'imparfait. → Refais l'exercice du n° 7.

3

Cela fait plus de deux heures que, patiemment, Suzanne initie Fatou au hip-hop. Elle a commencé par lui montrer le tetris, un mouvement qui ressemble aux gestes que font les Égyptiens : poignets cassés, coudes aigus, un peu comme dans le style des dessins qu'on trouve sur les fresques ou sur les sarcophages.

– C'est ça, tu y es Fatou, l'encourage Suzanne. Tu as tout compris du tetris. Maintenant tu accélères. Tu dois être rapide et, en plus, tu dois faire des mouvements avec tes jambes. Par exemple, tu peux croiser tes genoux, c'est bien.

Essoufflée, Fatou s'applique. Mais franchement, ce qu'elle voit dans le grand miroir de la loge ne la satisfait pas. Elle n'a jamais participé à une battle et elle se doute bien que ce n'est pas avec deux ou trois misérables figures qu'elle va impressionner le public.

– Suzanne, c'est inutile. Je n'y arriverai jamais, soupire-t-elle en se laissant tomber sur un tapis.

– Mais si Fatou, crois-moi, tu as un style ! Et puis, tu as déjà fait de la danse classique, c'est une bonne formation. Tous les jeunes qui pratiquent le hip-hop s'entrainent dans d'autres disciplines : athlétisme, course, natation… Allez, on continue, je vais t'apprendre une figure essentielle…

– Et il s'appelle comment ce mouvement indispensable ?

– Le break. Tu connais ?

Fatou va-t-elle se décourager ?

Pour le savoir, observe cette carte. Le hip-hop est né à New York. Saurais-tu localiser cette grande ville ainsi que les autres métropoles du monde ?

Delhi – Le Caire – Kinshasa – Mexico – New York – São Paulo – Tokyo – Beijing

→ **Vérifie tes réponses au n° 15.**

4

Il fallait trouver : les vêtements (*sweater, socks, trousers, boots, shirt*) et la nourriture (*bread, butter, apple juice, sausage*).

→ Va au n° 3.

5

Fatou en est certaine : personne sur terre ne l'attend pour disputer une battle de hip-hop. La seule danse qu'elle a pratiquée pendant plusieurs années, c'est la danse classique. Elle se souvient des tutus, des chaus-

sons et des justaucorps roses, rien à voir avec l'univers d'une danse de rue. Bien décidée à dissiper cet énorme malentendu, la jeune fille pénètre dans le bâtiment et se met à la recherche d'un ou d'une responsable. Mais elle ne croise que des garçons et des filles qui s'échauffent, étirent leurs muscles, effectuent des pas originaux, tentent des figures incroyables. Émerveillée par l'agilité et la souplesse des danseurs, Fatou ne peut s'empêcher de s'exclamer à voix haute : « C'est génial ! » Avant d'ajouter : « Mais ce n'est vraiment pas pour moi. » Dès que la musique s'arrête, elle se dirige vers une fille qui doit avoir son âge et lui demande :

– Tu peux m'indiquer où se trouve…

Mais Fatou n'a pas le temps de finir sa phrase. Un garçon s'écrie :

– Regardez qui est là ! Jon m'a dit qu'elle était parmi nous. C'est elle ! En chair et en os !

En quelques secondes, la jeune fille est entourée par des dizaines de danseurs. Tous lui posent des tas de questions :

– Tu vas danser sur quel morceau pour Petits Talents ? demande une fille habillée d'un top fluo orné de paillettes. On dit qu'avant chaque battle tu suis un régime spécial à base d'ananas, c'est vrai ?

– C'est énorme que tu sois là, continue un garçon. Tu vas nous faire une démo avant l'émission ?

Fatou n'arrive pas à placer un mot. Elle aimerait répondre qu'il y a méprise, que tous se trompent. Mais bizarrement, la jeune fille s'entend dire :

– Euh… On verra… peut-être plus tard…

– C'est vrai ça, tranche une fille très grande, on verra plus tard.

Puis, elle dit à Fatou :

– Bonjour. Je m'appelle Suzanne, nous partageons la même loge. Tu dois avoir besoin de te reposer, non ?

Comment Fatou va-t-elle pouvoir se sortir de cette situation ?

Pour le savoir, entoure les nombres qui sont à la fois divisibles par 3 et par 5.

21	35	341	27
2 250	43	454	15

Si tu as entouré 35 – 2 250 – 15 → va au n° 10.
Si tu as entouré 2 250 et 15 → va au n° 14.

6

C'est faux. Devant le *h* muet de *habitude,* le déterminant est *l'*. → Refais l'exercice du n° 9.

7

Après avoir lancé un morceau de musique, Suzanne exécute un break. En équilibre sur les mains, la jeune fille bascule son tronc en une contorsion spectaculaire et reste figée durant quelques secondes dans une attitude incroyable.

– À toi de jouer, lance joyeusement Suzanne à Fatou. Tu peux y arriver.

Peut-être qu'un jour j'y parviendrai, se dit la jeune fille, mais certainement pas en quelques minutes. Pourtant, elle essaie, tombe, s'écroule, se relève, recommence. Après d'énormes efforts, elle lâche :

– C'est impossible Suzanne, je ne suis pas faite pour le hip-hop.

– Tu es surtout trop fatiguée, il faut te reposer. Mais avant, montre-moi ta tenue.

Du sac que lui ont donné Jon et miss Kelly, Fatou extirpe un immense tee-shirt, une casquette ornée de strass et un pantalon baggy aux motifs graffitis. Dès qu'elle a enfilé les vêtements, Suzanne s'exclame :

– La classe ! Tu vas impressionner le public avec ça.

La première à être impressionnée, c'est Fatou. Jamais elle n'avait imaginé s'habiller ainsi. Tandis qu'elle se regarde dans la glace de face, de profil, elle sourit. Puis, sans prévenir, avec une énergie incroyable, exécute un break sous le regard admiratif de son amie qui s'exclame :

– On peut dire que tu as la chance du débutant ! Mais n'oublie pas…

– … que la chance n'est rien sans le travail, termine Fatou. Je crois que j'ai compris.

Le costume suffira-t-il à Fatou pour lui donner confiance en elle ?

Pour le savoir, indique le temps de chacun de ces verbes. Utilise le code suivant :

Présent : **Pr** – Futur : **Fu** – Imparfait : **Im** – Passé simple : **PS** – Passé composé : **PC** – Plus-que-parfait : **PqP.**

a. Je danserai. .... **b.** J'ai bougé. ....

c. Tu imitais. .... **d.** Vous reculez. ....

e. Il fit. .... **f.** Nous avions sauté. ....

Si tu as répondu : a. Fu, b. PC, c. PS, d. Pr, e. Im, f. PqP
→ va au n° 16.

Si tu as répondu : a. Fu, b. PC, c. Im, d. Pr, e. PS, f. PqP
→ va au n° 12.

Si tu as répondu : a. Fu, b. PqP, c. Im, d. Pr, e. PS, f. PC
→ va au n° 2.

mémo 12

8 

Il fallait trouver : *un sarouel ample, une jupe plissée, une chemise fleurie, un jean troué, des chaussures montantes.*

→ Tu peux aller au n° 5.

9

À cet instant, la jeune fille se sent partagée. Il y a quelques heures, elle envisageait de renoncer, mais cette fois elle a fermement l'intention de clouer le bec à cette bande de frimeurs. Parce que Fatou, ce n'est pas le genre de fille qui se laisse écraser. Bien sûr, elle n'est pas une danseuse de rue chevronnée, mais elle n'est pas non plus une totale débutante. Et puis, elle a des amis, dont le roi du hip-hop. Sans attendre, Fatou compose le numéro de téléphone de Samuel.

– Fat ? Où es-tu ? lui demande-t-il dès qu'il décroche, ça va ?

– Ça va Sam, lui répond Fatou, mais ça irait mieux si tu pouvais me donner un coup de main.

– Avec plaisir, qu'est-ce que je peux faire ?

– Je dois participer à une battle…

– Une battle… de hip-hop ? Toi ? C'est énorme !

– Oui. Tu l'as dit, c'est énorme, pourrais-tu…

Afin que personne n'entende la conversation, Fatou parle à Samuel à voix basse. Cinq minutes après avoir raccroché, elle reçoit sur son téléphone une démo qu'elle mémorise. Puis, sans faire attention aux autres danseurs, elle répète son numéro, une fois, deux fois, trois fois, dix fois, jusqu'au moment où on annonce son passage.

Sur scène, Fatou ne voit ni le public ni les caméras qui filment sa prestation. La salle est obscure alors que de nombreux projecteurs l'éblouissent. Immobile dans le rond de lumière, la jeune fille entend son cœur qui bat et le silence autour d'elle. Puis, des gradins, lui parvient un ricanement. Fatou serre les poings et se concentre. Dans sa tête, tout est en ordre. Elle a combiné la démo de Samuel avec quelques figures personnelles. La musique qu'elle a choisie avec Suzanne démarre. Fatou s'élance. Sans hésiter, sans flancher, elle évolue, portée par une sorte de grâce. Puis, elle termine son passage dans un silence total. Essoufflée, aveuglée par les projecteurs, elle pense : « Je suis allée jusqu'au bout. Je n'ai peut-être pas été géniale mais j'ai tout exécuté sans tomber, sans trébucher et c'est déjà pas mal », quand, dans le public, quelqu'un lance un « bravo ! » tonitruant.

La prestation de Fatou était-elle suffisante pour plaire au jury ?

Pour le savoir, choisis le déterminant qui accompagne chaque nom.

a. le – la – l' – les	habitude
b. ce – cet – cette – ces	habit
c. ce – cet – cette – ces	gradins
d. mon – ma – nos	amis

Si tu as choisi : l', ce, ces, nos → Va au n° 13.

Si tu as choisi : la, cet, ces, nos → Va au n° 6.

Si tu as choisi : l', cet, ces, nos → Va au n° 17.

mémo 5

10

Tu t'es trompé(e). Un multiple de 5 a bien son chiffre des unités égal à 0 ou 5. Mais un nombre est divisible par 3 si la somme de ses chiffres est un multiple de 3.

→ Refais l'exercice du n° 5.

11

Il fallait répondre : **1.** a. – g., **2.** c. – h., **3.** d. – e, **4.** b. – f.

→ Tu peux te rendre au n° 9.

12

Dès que Fatou pense à la battle, son ventre se serre. Se cacher dans un trou de souris lui semblerait la meilleure des solutions. Mais son amie Suzanne n'a pas l'intention de la laisser faire :

– Allez, l'artiste ! lance-t-elle. Voici le programme : d'abord un encas, céréales, fruits, puis entrainement avant ton passage. On révise les figures dans les coulisses.

– Je crois que ce n'est pas une bonne idée. Même si tu es une excellente prof, je n'ai pas le niveau. Je renonce, annonce Fatou.

– Hors de question. On n'a pas fait tout ça pour rien. Allez ! On y va.

Le moral dans ses sneakers, Fatou se dirige avec Suzanne vers le bâtiment. Dans les coulisses, tous les artistes s'entrainent. En observant les danseurs, Fatou a le tournis. Les musiques se mélangent, les numéros sont spectaculaires. Suzanne comprend que son amie est impressionnée. Elle lui souffle à l'oreille :

– Crois-moi, tu as un style unique. Même si tu manques de technique, tu peux y arriver.

Fatou hésite. « Pourquoi pas après tout ? », se dit-elle. « Suzanne a peut-être raison, je devrais avoir un peu plus d'audace dans la vie. » Puis, certaine qu'elle arrivera à exécuter cette figure, Fatou tente de réaliser un break. Mais patatras ! Elle s'écrase sur le sol. Pendant qu'elle se relève, elle entend un groupe de danseurs pouffer de rire.

– Hi, hi, hi, la pauvre ! s'exclame une grande fille brune.

C'est censé être la reine du hip-hop, et elle n'arrive même pas à faire un break. Dur, dur, pour la finale des Petits Talents !

Les moqueries décourageront-elles Fatou ?

Pour le savoir, attribue à chaque dessin le nom et la propriété de l'angle que Suzanne mime avec ses jambes.

a. angle droit – **b.** angle aigu – **c.** angle obtus –
d. angle plat – **e.** = 180° – **f.** < 90° – **g.** = 90° – **h.** > 90°

→ **Vérifie tes réponses au n° 11.**

mémo 27

13

C'est faux. Si tu prononces à voix haute, tu constateras la liaison entre le déterminant et *habit* → Refais l'exercice du n° 9.

14

Dès qu'elle est seule avec Suzanne dans leur grande loge, Fatou se sent en confiance. Tandis que la jeune danseuse prépare un thé et dispose des biscuits sur une assiette, Fatou lui demande :

– Je peux te confier quelque chose ?

– Mais bien sûr.

– Il y a erreur. Je ne suis pas une star du hip-hop.

– Ah bon ! Mais comment cela se fait ? Tout le monde pense que tu vas faire ton show pour la finale des Petits Talents !

– Je sais. Mais il y a eu méprise à l'aéroport. Je m'appelle Fatou, j'ai débarqué de l'avion avec ma classe. Je ne connais rien au hip-hop. Ou si peu…

– Oh là là ! C'est énorme. Tout le monde compte sur toi ce soir ! Tu vas décevoir les organisateurs !

Fatou se moque de décevoir les responsables de cette battle, elle n'a qu'une envie, c'est partir d'ici.

Émue par le désarroi de sa nouvelle amie, Suzanne, d'une voix douce, lui demande :

– Sais-tu ce que veulent dire ces deux mots « hip-hop » ?

Fatou hausse les épaules.

– En argot américain, *hip* signifie « branché » et *hop* veut dire « sauter ». Ça n'a pas l'air si compliqué ! Alors, pourquoi ne pas essayer ? Et il est trop tard pour réparer cette méprise. À toi d'inventer quelque chose pour gagner.

Même si elle ne dit rien, Fatou n'est pas insensible à

la proposition de Suzanne. Puis, elle pense à son ami Samuel. Dans son quartier, on l'appelle le roi du hip-hop. Se souvenant d'une séance d'apprentissage avec le garçon, la jeune fille finit par dire :

– Je connais une figure du hip-hop. C'est le moonwalk.

– Le pas rendu célèbre par Michael Jackson ! Bon, tu ne gagneras pas la battle avec ça, mais c'est un bon début. Si tu veux, je peux t'apprendre d'autres mouvements. Qu'est-ce que tu en penses ?

Fatou réussira-t-elle à faire de nouvelles figures ?

Pour le savoir, trouve les deux champs lexicaux auxquels appartiennent les mots suivants :

sweater – socks – bread – trousers – butter – boots – shirt – apple juice – sausage

→ **Vérifie ta réponse au n° 4.**

mémo 15

15

Il fallait placer le nom des métropoles ainsi :

→ Rends-toi au n° 7.

16 

Tu t'es trompé(e). Ne confonds pas l'imparfait et le passé simple. Les terminaisons de l'imparfait sont : *-ais, -ais, -ait, -ions, -iez, -aient.* → Retourne à l'exercice du n° 7.

17 

Tandis que Fatou s'avance pour saluer, un tonnerre d'applaudissements envahit la salle. Émue, la jeune fille soulève sa casquette et s'incline devant le public enthousiaste. Dès qu'elle arrive dans les coulisses, Suzanne la prend dans ses bras, l'embrasse et lui dit :

– Je savais que tu pouvais y arriver ! Tu as été fantastique. Regarde Fatou, je me suis permise de répondre à cet appel. Je ne suis pas la seule à le penser, ajoute-t-elle en tendant son portable à la jeune danseuse.

Depuis l'écran, Samuel envoie des baisers à Fatou et s'écrie :

– Fat, ton amie m'a raconté ton passage. Elle dit que tu as été… impériale. Bravo !

Émue, la jeune fille aurait aimé passer plus de temps avec son ami d'enfance, mais déjà les organisateurs se pressent autour d'elle. Jon et miss Kelly, accompagnés d'un caméraman, ne sont pas les derniers à venir la saluer.

– Je savais que tu allais triompher, lui dit Jon. Ta prestation était vraiment originale. Franchement, on peut dire que tu as revisité le genre en mélangeant classique et hip-hop. C'était osé, mais tu as bien mixé les deux styles de danse. J'ai a-do-ré.

– Bravo, ajoute miss Kelly un micro à la main, j'en suis certaine, ton passage sera remarqué. Mais peux-tu nous dire ce qui t'a inspiré ? Juste quelques mots, c'est pour le film que nous réalisons sur le hip-hop.

– Ce qui m'a inspirée… commence Fatou, ce sont mes amis, mais aussi ceux qui ne me croyaient pas capable de rivaliser. Au lieu de m'enfoncer, je crois qu'ils m'ont motivée. À ce sujet, j'aimerais dire à tous ceux qui m'écoutent…

– Oui, que veux-tu ajouter ? demande miss Kelly.

– Qu'il est important d'oser. Sans se soucier de ce que pensent les autres. Et puis, travailler, faire des efforts, c'est toujours payant, répond Fatou. Ne suis-je pas la preuve qu'il faut croire en ses rêves… et se donner les moyens de les réaliser ?

FIN

Jeu 1 Hyper stylé

Fatou a le choix entre plusieurs tenues dont le nom est caché dans les rébus.
Aide-la à trouver ce qu'elle peut porter.

1 

→ ....

2 

→ ....

3 

→ ....

4 

→ ....

Musique !

Jeu 2

Le hip-hop est un genre musical, mais il en existe d'autres.

Écris le numéro de leur définition sous chaque disque.

...

...

...

...

...

1. Il a trouvé naissance en Jamaïque dans les années 1960. Bob Marley est un de ses plus célèbres interprètes.

2. Elle est apparue aux États-Unis et au Royaume-Uni dans les années 1960. Les Beatles en sont des représentants.

3. Issu du hip-hop, ce mouvement culturel et musical fait son apparition dans les années 1970 aux États-Unis. Sa diction est très rythmée.

4. Ce genre musical très populaire émerge aux États-Unis dans les années 1940. Elvis Presley et Little Richard sont deux des plus célèbres représentants de cette musique.

5. Cette musique est née au Sud des États-Unis. Elle est très célèbre à la Nouvelle-Orléans.

Une des lettres du mot mystère est la deuxième lettre du genre musical issu du hip-hop. Reporte-la page 189.

Jeu 3 Indispensable pour danser

Colorie :

en vert les nombres entiers

en jaune les nombres décimaux

en rouge les fractions

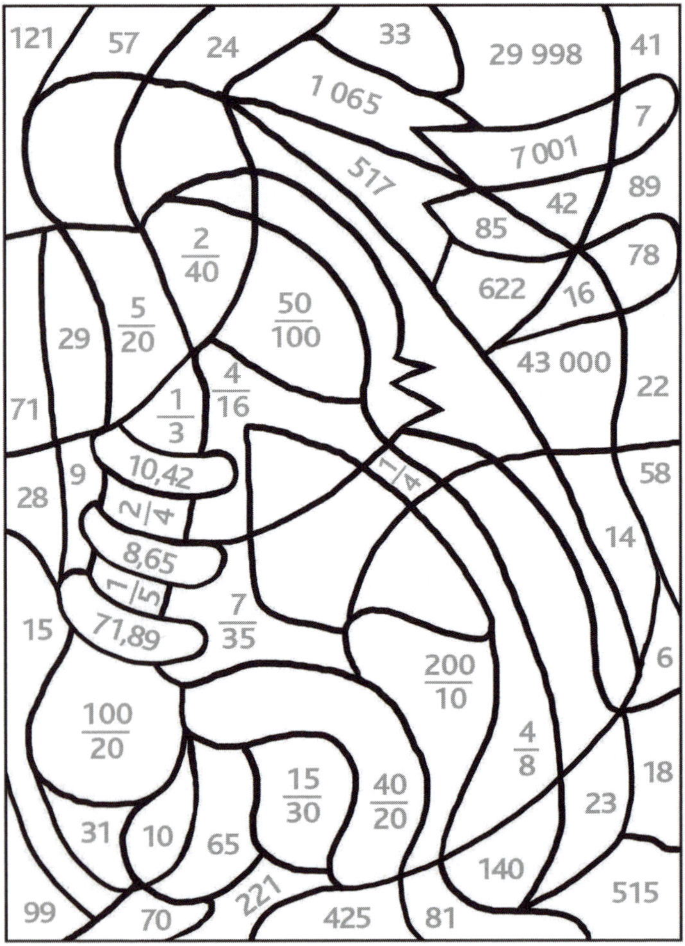

Option **danse**

Jeu 4

Aide-toi du code pour trouver des figures ou des styles de danse.

💧	❄	⌛	⌘	❖	✪	✧	✵	⊠	♊	✹	🔔	⌖
A	B	C	D	E	F	G	H	I	J	K	L	M

⌑	♒	♓	☼	✶	☆	➢	⌫	♉	⊘	☞	✋	✠
N	O	P	Q	R	S	T	U	V	W	X	Y	Z

1

💧 ✶ 💧 ❄ ❖ ☆ ☼ ⌫ ❖

→ _ _ _ _ _ _ _ _ _

2

♓ ⊠ ✶ ♒ ⌫ ❖ ➢ ➢ ❖

→ _ _ _ _ _ _ _ _ _

3

✪ ✶ ❖ ❖ ☆ ➢ ✋ 🔔 ❖

→ _ _ _ _ _ _ _ _ _

4

❖ ⌑ ➢ ✶ ❖ ⌛ ✵ 💧 ➢

→ _ _ _ _ _ _ _ _ _

5

✧ 🔔 ⊠ ☆ ☆ 💧 ⌘ ❖

→ _ _ _ _ _ _ _ _

6

➢ ❖ ➢ ✶ ⊠ ☆

→ _ _ _ _ _ _

Impressionne tes parents avec...

TON TEE-SHIRT TIE AND DYE

Pour avoir du style avec un vêtement original, crée ton propre t-shirt tie and dye ! Garanti 100 % unique !

Le conseil de Fatou

Pour être sûr(e) d'obtenir le résultat que tu souhaites, tu peux t'entrainer sur un chiffon en coton avant de teindre ton t-shirt.

ÉTAPE 1 Matériel

- Un t-shirt blanc en coton
- De la peinture acrylique
- Des élastiques
- Des flacons en plastique

ÉTAPE 2 Prépare les couleurs

Mélange un volume de peinture pour trois volumes d'eau. Si tu veux utiliser plusieurs couleurs, sépare-les en les fabriquant dans des récipients différents.

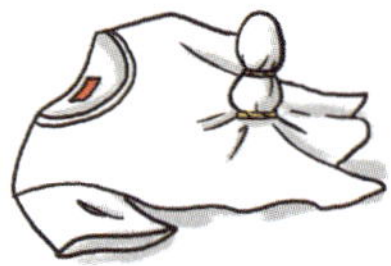

ÉTAPE 3 Prépare le t-shirt

Humidifie le t-shirt en le trempant dans l'eau puis en l'essorant vigoureusement. Il doit être juste humide. Puis attache les élastiques au t-shirt selon le modèle que tu souhaites obtenir.

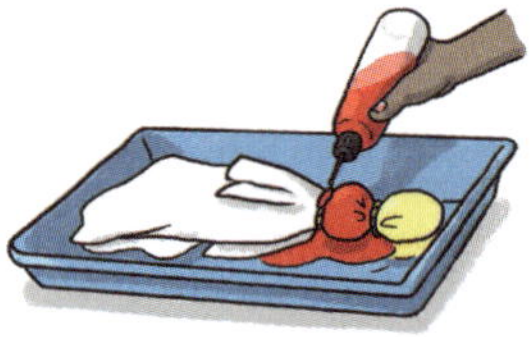

ÉTAPE 4 Teins le t-shirt

Applique la peinture entre les élastiques après avoir pris soin de disposer ton t-shirt au-dessus d'une bassine.

ÉTAPE 5 Laisse reposer

Pose le t-shirt sur une grille en métal après avoir protégé la surface sur laquelle elle est posée avec un papier absorbant. Laisse les élastiques en place et attends une heure afin que la peinture prenne.

ÉTAPE 6 Fais sécher soigneusement

Retire les élastiques et accroche le t-shirt pour le faire sécher complètement à l'air libre.

Aïda

Talent 7

De tout son chœur

1

– Je suis chargé de te conduire directement au Grand Théâtre, annonce le chauffeur.

Il attendait Aïda à l'aéroport et il s'est dirigé vers elle dès qu'elle a quitté la zone des bagages. Aïda trouve ça original, de commencer le séjour par un spectacle. Original et sympa.

Elle s'installe à l'arrière du véhicule et admire le paysage qui défile. Bientôt, la voiture ralentit et le chauffeur s'arrête devant un bâtiment imposant.

– Le Grand Théâtre, déclare-t-il.

Il n'a pas pris la peine de couper le moteur. Aïda comprend qu'elle doit descendre. Elle attrape son sac et salue le chauffeur.

Dans le hall, des hôtesses en robes rouges sont alignées. L'une d'elles sort du rang :

– Suivez-moi, je vous emmène.

Aïda se laisse guider, ravie. Elle n'a même pas eu le temps de regarder les affiches. À quel spectacle va-t-elle bien pouvoir assister ? Un concert ? Une pièce de théâtre ? Ou bien encore de la danse, de l'humour, de la magie ? Elle trottine derrière l'hôtesse. Un couloir, un autre… La salle de ce théâtre n'est pas des plus faciles d'accès. Et pourquoi n'y a-t-il pas d'autres spectateurs ? Le spectacle aurait-il déjà commencé ?

C'est la conclusion à laquelle parvient Aïda lorsque l'hôtesse pile devant une porte, qu'elle ouvre.

– Et voilà ! N'hésitez pas si vous avez besoin de quoi que ce soit.

Avant qu'Aïda ait le temps de poser la moindre question, l'hôtesse a tourné les talons.

L'adolescente observe la pièce. Il s'agit d'une loge, c'est du moins ce qui est inscrit sur la porte. Avec deux petits canapés bleus, une table basse, des macarons de toutes les couleurs et un assortiment impressionnant de jus de fruits.

Aïda pose son sac et s'empare du programme, qui trône à côté des macarons. D'après celui-ci, la lauréate des Petits Talents dans la catégorie chant va se produire sur scène pour une soirée de gala. Des bruits de pas arrachent Aïda à sa lecture. Une femme qui s'est mise sur son 31 fait irruption dans la loge.

– Ah, voilà notre finaliste ! s'exclame-t-elle.

Ce n'est visiblement pas Aïda qu'on attendait... Y a-t-il un quiproquo ?

Tu le sauras après avoir trouvé ce qu'exprime l'impératif dans les phrases suivantes :

	ordre	conseil	prière	interdiction
« N'hésitez pas si vous avez besoin de quoi que ce soit. »				
« Entre, je t'en prie. »				
« Ne va pas par là, c'est un accès réservé ! »				
« Donne-moi du jus de fruits, j'ai soif ! »				

Si tu as trouvé conseil / prière / interdiction / ordre → va au n° 5.
Si tu as trouvé interdiction / prière / interdiction / ordre → va au n° 6.

mémo 10

2

Ce n'est pas la bonne réponse. L'amphithéâtre romain accueillait les combats de gladiateurs et de bêtes sauvages.

→ Recommence l'exercice du n° 14.

3

La cheffe de chœur réfléchit.

– Il faut absolument trouver une solution, et vite, déclare-t-elle. Calmons-nous, et retournons dans ta loge.

Aïda n'en revient pas. La solution lui paraissait toute trouvée : qu'elle quitte les lieux et n'entende plus jamais parler de ce spectacle. Mais Madeleine ne semble pas du même avis. « Ce n'est pas ma loge ! » a envie de hurler Aïda.

Une fois sur place, elle accepte néanmoins le verre de jus de kiwi que lui propose la cheffe de chœur.

– Et prends aussi un macaron, conseille celle-ci. Un seul, il ne faut pas que tu sois en pleine digestion au moment de monter sur scène.

Aïda attrape un gâteau vert et rose mais hésite à le manger. La situation lui coupe l'appétit.

Madeleine lui adresse à présent un grand sourire :

– Alors dis-moi : quand tu es dans ta chambre, qu'est-ce que tu aimes chanter ?

Aïda se creuse un peu la tête puis cite quelques chansons. Celles qu'elle préfère, mais aussi celles qui passent à la radio qu'allument toujours ses parents pendant le petit-déjeuner. La cheffe de chœur l'écoute attentivement en hochant la tête. Puis elle sort un petit calepin de sa poche et note certains titres. Ensuite, elle les compte.

– Très bien, ça nous en fait cinq, ça ira. Tu les chanteras et le chœur te soutiendra. Il est composé de

80 personnes, si on baisse le volume de ton micro, on n'entendra même pas ta voix. Ouf, me voilà rassurée.

Rassurée, Aïda ne l'est pas du tout. Si elle comprend bien, elle ne va pas pouvoir échapper à la scène…

Comment Aïda va-t-elle se sortir de cette situation ?

Tu le découvriras après avoir entouré deux sens du mot « macaron » :

gâteau à l'amande – petit tabouret –
vignette autocollante – petit mammifère

Si tu as entouré gâteau et mammifère → va au n° 7.
Si tu as entouré gâteau et vignette → va au n° 8.

4

Tu t'es trompé(e). À Rome, le forum accueillait les élections ainsi que différents évènements. → Retourne à l'exercice du n° 14.

5

Aïda secoue vivement la tête :

– Il y a méprise, je ne suis pas du tout la lauréate, je viens ici pour…

– Je sais, l'interrompt la femme, c'est une erreur, on a mis « lauréate » sur le programme alors que tu n'es que

finaliste… Mais, dans quelques heures, ce sera devenu la réalité ! assure-t-elle en adressant à Aïda un clin d'œil. Vu ton talent, ce dernier défi est tout à fait à ta portée. On se retrouve tout à l'heure. Et surtout, n'hésite pas si tu as besoin de quoi que ce soit, ajoute-t-elle comme l'hôtesse un peu plus tôt.

Se retrouvant de nouveau seule, Aïda observe attentivement le programme. « Une soirée exceptionnelle, un récital de grande qualité, un orchestre symphonique et un chœur réunis autour d'une des voix les plus remarquables de sa génération, tels un écrin autour d'un diamant… »

Le regard d'Aïda passe du programme aux macarons. Les gâteaux lui font envie, certes, mais ils ne font pas le poids face à ce qu'elle a compris qu'on attendait d'elle. Enfin, de celle qui aurait dû se trouver ce soir à sa place.

Sans hésiter, Aïda attrape son sac et sort de la loge, déterminée à quitter les lieux au plus vite. Mais par où est-elle arrivée, déjà ? Par la gauche ? Par la droite ? Aïda choisit la gauche, se presse dans un couloir, tourne dans un autre et tourne encore. Quelques minutes plus tard, elle se retrouve devant la porte de la loge qu'elle a quittée. Ce Grand Théâtre ressemble à un véritable labyrinthe… Comment sortir de là ?

Aïda va-t-elle trouver une issue ?

Aïda aura-t-elle le temps de quitter le théâtre avant le début du spectacle ? Convertis ces durées en minutes et trouve la plus grande durée.

1 h 22 + 92 min = ...

35 min + 2 h – 17 min = ...

3 h 33 – 54 min = ...

Si tu as trouvé 114 min → va au n° 11.
Si tu as trouvé 174 min → va au n° 14.

mémo 26

6

Tu t'es trompé(e) ! On peut donner un conseil en utilisant l'impératif, même si c'est à la forme négative.

→ Recommence l'exercice du n° 1.

7

Ce n'est pas la bonne réponse. Un macaron n'est pas un animal... → Retourne à l'exercice du n° 3.

8

De nouveau, Aïda fond en larmes.

– Mais je ne peux pas monter sur scène devant 1 500 personnes ! sanglote-t-elle. Quand je chante dans ma chambre, il n'y a pas de public… Même devant mes parents et mon frère, je ne le fais pas !

Aïda se rappelle un spectacle de fin d'année au cours duquel elle devait chanter et danser avec un groupe d'élèves de sa classe. Dès les premières mesures, la moitié du groupe qui dansait est partie dans le mauvais sens, et les familles présentes ont éclaté de rire comme si c'était un numéro comique. Aïda se souvient encore des gouttes de sueur qu'elle avait senties couler le long de sa nuque.

– Écoute, nous n'avons pas le choix, affirme Madeleine. Alors calme-toi, et sois attentive à ce que je vais te dire. Je vais te donner quelques conseils pour gérer ton trac.

Aïda s'enfonce plus profondément dans le canapé bleu clair.

– Commence par prendre quelques grandes respirations ventrales, indique Madeleine.

Aïda obéit. Elle pose la main sur son ventre et inspire, expire, recommence.

– Ensuite, force-toi à bâiller pour échauffer tes cordes vocales.

Aïda bâille. Elle se sent un peu ridicule, mais Madeleine ne se moque pas le moins du monde. Au contraire, elle approuve par des mouvements de tête et l'encourage à refaire la même chose.

– Maintenant, tu vas répéter cette phrase : « Je suis calme, tout va bien se passer. »

– Je suis calme, tout va bien se passer, dit Aïda plusieurs fois de suite.

Elle constate que ça fonctionne : à chaque fois, elle se sent un peu plus calme qu'à l'instant d'avant.

La cheffe de chœur fait enfin répéter à Aïda les paroles des chansons.

– Il est l'heure, finit par annoncer Madeleine. Allons-y.

Dans un état second, Aïda suit Madeleine jusqu'aux coulisses. Des rideaux gigantesques, épais et sombres, les séparent de…

– La scène ! devine Aïda en entendant le public qui bruisse derrière.

Madeleine hoche la tête. Aïda s'approche de la jonction des rideaux. De l'autre côté se trouvent 1 500 personnes. Elle écarte un pan de rideau pour jeter un œil. Va-t-elle réellement chanter devant tous ces gens ?

Aïda réussira-t-elle à se produire sur scène, comme annoncé sur le programme ?

Tu le sauras après avoir trouvé le pourcentage d'élèves qui assistent au spectacle. Pour cela, complète ce tableau de proportionnalité (60 élèves assistent au spectacle).

	Total	Chanteurs professionnels	Familles	Seniors	Élèves
%	100	40	20	10	
Spectateurs	200				60

Si tu as trouvé 30 % → va au n° 12.
Si tu as trouvé 0,6 % → va au n° 15.

mémo 19

9

Ce n'est pas la bonne réponse. Une phrase complexe comprend plusieurs verbes conjugués.

→ Recommence l'exercice du n° 12.

10

En coulisses, un ingénieur du son écoute la piste provenant du micro d'Aïda.

– Elle a vraiment un joli brin de voix, cette petite ! affirme-t-il, connaisseur.

– Elle n'est pas arrivée en finale de l'émission pour rien, approuve son collègue en charge de la lumière.

Tous deux ignorent la méprise. Ils sont en revanche parfaitement informés de la retransmission en direct du spectacle sur la chaine de télévision qui organise le concours des Petits Talents.

À la fin de la chanson, la cheffe de chœur, comme à son habitude, jette un regard du côté des coulisses. Elle est habituée à communiquer par gestes avec ceux qui, dans l'ombre, ajustent les différents réglages tout au long des concerts. Le pouce levé, l'ingénieur du son lui fait comprendre qu'il apprécie vraiment la voix d'Aïda.

Cela confirme l'intuition de Madeleine. Plus la chanson progresse, plus il lui semble, en effet, que l'adolescente a une très belle voix…

Madeleine se tourne alors vers le chœur qu'elle dirige. Lorsque la chanson suivante commence, elle a une idée. Elle laisse passer le premier couplet, le premier refrain… puis elle fait signe aux choristes de se taire. Aïda seule poursuit la chanson. Celle-ci, concentrée sur les paroles dont elle ne veut pas manquer un seul mot, ne remarque pas qu'elle n'est plus soutenue par les choristes…

Comment Aïda va-t-elle réagir en comprenant qu'elle est la seule à chanter ?

Tu le sauras après avoir converti ces mesures en m² :

Surface de la scène = 5 000 dm² = ... m²

Surface du Grand Théâtre et des jardins = 187 hm²
= .... m²

Surface de la ville = 35 km² = ... m²

Si tu as trouvé 500 m² / 18 700 m² / 35 000 m²
→ Va au n° 13.
Si tu as trouvé 50 m² / 1 870 000 m² / 35 000 000 m²
→ Va au n° 16.

mémo 24

11

Ce n'est pas la bonne réponse. Pour passer des heures aux minutes, il faut multiplier les heures par 60.
→ Retourne à l'exercice du n° 5.

12

Dans la salle, une voix invite les spectateurs à vérifier que leurs téléphones portables sont bien éteints. Puis le calme s'établit et les rideaux s'ouvrent. Les musiciens de l'orchestre, arrivant par le côté droit de la scène, viennent s'installer auprès de leurs instruments sous les applaudissements. C'est ensuite le chœur qui prend place, faisant naitre une deuxième vague de bravos.

Aïda les observe, depuis les coulisses.

– Madeleine, à toi ! ordonne un technicien que, dans la pénombre, Aïda n'avait pas remarqué.

Avant d'y aller, la cheffe de chœur se retourne vers Aïda et lève les mains. Elle a les doigts croisés. Aïda sent son estomac se nouer.

– Luigi... appelle le technicien.

Le chef d'orchestre gagne lui aussi la scène en parquet massif.

– Et enfin la finaliste. Vas-y, insiste le technicien en poussant légèrement Aïda.

À son tour, elle sort de la zone d'ombre et s'engage dans la surface sur laquelle sont braqués des dizaines de projecteurs. Elle sent une goutte de sueur couler le long de sa nuque et les mauvais souvenirs du spectacle de fin d'année remontent à la surface. « Je suis calme, tout va bien se passer. » se répète Aïda intérieurement.

Elle a fait trois pas quand les applaudissements éclatent de toutes parts. La surprise fait trébucher Aïda. Heureusement, elle se rétablit très vite. Les gouttes de sueur dans son cou sont désormais trop nombreuses pour être comptées.

Aïda avance jusqu'à la place que lui désigne Madeleine, à quelques mètres d'elle. Et enfin, Aïda lève les yeux. « Je vais m'évanouir », se dit-elle en pensant qu'il y a là 1 500 visages tournés vers elle.

Mais, à son étonnement, Aïda constate que les projecteurs l'empêchent de voir le public. « Je suis dans ma chambre, et il n'y a que moi », se dit-elle alors. L'orchestre joue les premières notes, Aïda se concentre, et au moment du premier couplet, elle commence à chanter. C'est vrai qu'on entend à peine sa voix, réalise-t-elle. Ouf…

Aïda tiendra-t-elle sans flancher jusqu'à la fin du concert ?

Pour le découvrir, souligne les phrases complexes parmi les propositions suivantes :

a. Aïda se demande où elle se placera sur scène.
b. C'est le célèbre chef d'orchestre !
c. Les projecteurs puissants éclairent la scène.
d. Les notes que joue l'orchestre semblent mélodieuses.

Si tu as souligné b. et c. → Va au n° 9.

Si tu as souligné a. et d. → Va au n° 10.

mémo 4

13

Ce n'est pas la bonne réponse. Tu peux t'aider du tableau de conversion du mémo.

→ Refais l'exercice du n° 10.

14

Aïda fait marche arrière. Elle a dû rater le couloir qui conduit au hall. Pourquoi la sortie n'est-elle indiquée nulle part ? Elle marche de plus en plus vite. Bientôt, elle se met à courir, à peine ralentie par son sac. À l'intersection de deux couloirs, c'est le choc : elle fonce et heurte une femme qui arrivait en sens inverse.

Aïda prend appui sur le mur pour ne pas tomber.

– Tout va bien ? lui demande la femme gentiment.

– Oui… répond Aïda. Enfin non ! On m'a prise pour la finaliste des Petits Talents dans la catégorie chant mais ce n'est pas moi du tout ! Moi, je suis juste venue en échange scolaire… C'est une erreur ! Je dois sortir d'ici !

Face à elle, la femme perd son sourire.

– Tu n'es pas la finaliste, dis-tu ? demande-t-elle.

– Non, affirme Aïda.

– Et tu n'es pas non plus chanteuse ?

– Non plus ! s'exclame Aïda.

– Catastrophe… murmure la femme.

Aïda avale sa salive un peu trop bruyamment.

– Je suis Madeleine, la cheffe de chœur, annonce alors la femme. Le problème, c'est que 1 500 personnes sont en train de s'installer dans la salle. Toutes sont venues pour t'entendre chanter. Il est impossible de ne pas donner de spectacle, tu comprends ?

– Oui, mais… commence Aïda.

– Tu es sûre que tu ne sais pas chanter ? insiste Madeleine.

Aïda se sent piégée. Cette Madeleine ne semble pas décidée à la conduire jusqu'à la sortie. Et elle attend sa réponse. Aïda fond en larmes.

– Je chante souvent seule dans ma chambre, admet-elle après avoir essuyé ses larmes d'un revers de la main. Mais je serais incapable de le faire sur une scène…

Va-t-on obliger Aïda à chanter ?

Tu le découvriras après avoir répondu à cette question : sous l'Empire romain, le peuple appréciait les divertissements comme le théâtre. Dans quel lieu se déroulaient les courses de chars à cette époque ?

a. au forum ☐ **b.** dans un amphithéâtre ☐ **c.** au cirque ☐

Si tu as coché a. → va au n° 4.
Si tu as coché b. → va au n° 2.
Si tu as coché c. → va au n° 3.

mémo 28

15

Ce n'est pas la bonne réponse. As-tu commencé par calculer le coefficient de proportionnalité ?

→ Recommence l'exercice du n° 8.

16

Aïda chante. Dans la salle, le public est ébloui par le mélange détonnant des chansons modernes, de la musique symphonique et surtout de la voix d'Aïda. Sur scène, la cheffe de chœur retient son souffle. Mais alors qu'elle entonne le dernier refrain de la chanson, Aïda s'aperçoit soudain qu'elle n'est plus soutenue par le chœur. Aussitôt, sa voix s'éteint. Les lumières des projecteurs face à elle se mettent à tanguer. Aïda est sur le point de s'évanouir.

Le chœur vole alors à son secours, et termine en reprenant la fin du refrain. Un dernier geste du chef d'orchestre, et la musique s'arrête tandis qu'Aïda retrouve ses esprits. Le silence s'installe dans le théâtre… mais il est de courte durée : un tonnerre d'applaudissements retentit.

– Bravo ! Bravo ! crient les spectateurs en se mettant debout.

Les musiciens saluent cérémonieusement, les choristes en font autant. Madeleine s'avance alors et, prenant Aïda par la main, elle l'invite à se présenter sur le devant de la scène. Deux personnes surgies de nulle part s'approchent avec deux énormes bouquets qu'elles offrent à Aïda. L'une d'elles est la femme sur son 31, qui s'avère être la directrice du Grand Théâtre. Les spectateurs applaudissent de plus belle.

– Hourra ! Hourra !

La cheffe de chœur se penche vers Aïda et lui murmure à l'oreille :

– Félicitations ! Tu n'es pas la lauréate mais tu pourrais tout à fait prétendre au titre du prochain concours !

Aïda rougit derrière les brassées de fleurs. Elle n'en revient pas. Quant à ce que vient de lui dire Madeleine…

– Je vais réfléchir à votre idée. Pour gérer mon trac, vous pourrez m'aider ?

FIN

Jeu 1 La lettre mystère

Douze mots issus de l'histoire que tu viens de lire se sont cachés dans cette grille.
Retrouve-les.

artiste – lumières – chœur – musicien – choriste – public – coulisse – souffle – émission – spectacle – estomac – théâtre

S	P	E	C	T	A	C	L	E
O	U	S	O	H	R	H	U	M
U	B	T	U	E	T	O	M	U
F	L	O	L	A	I	R	I	S
F	I	M	I	T	S	I	E	I
L	C	A	S	R	T	S	R	C
E		C	S	E	E	T	E	I
C	H	O	E	U	R	E	S	E
G	E	M	I	S	S	I	O	N

Il reste une consonne : c'est la lettre mystère à reporter sur la page indices p. 189.

Jeu 2

Le labyrinthe du théâtre

Le Grand Théâtre est véritablement un labyrinthe ! **Aide Aïda à parvenir jusqu'à la sortie sans jamais croiser personne. Elle ne peut avancer qu'en passant par des mots en rapport avec le chant.**

Jeu 3 Musico sudoku

Complète cette grille de sudoku avec les bons pictogrammes.

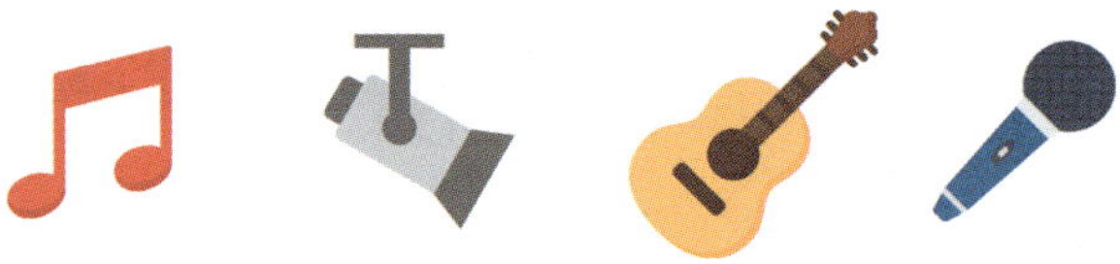

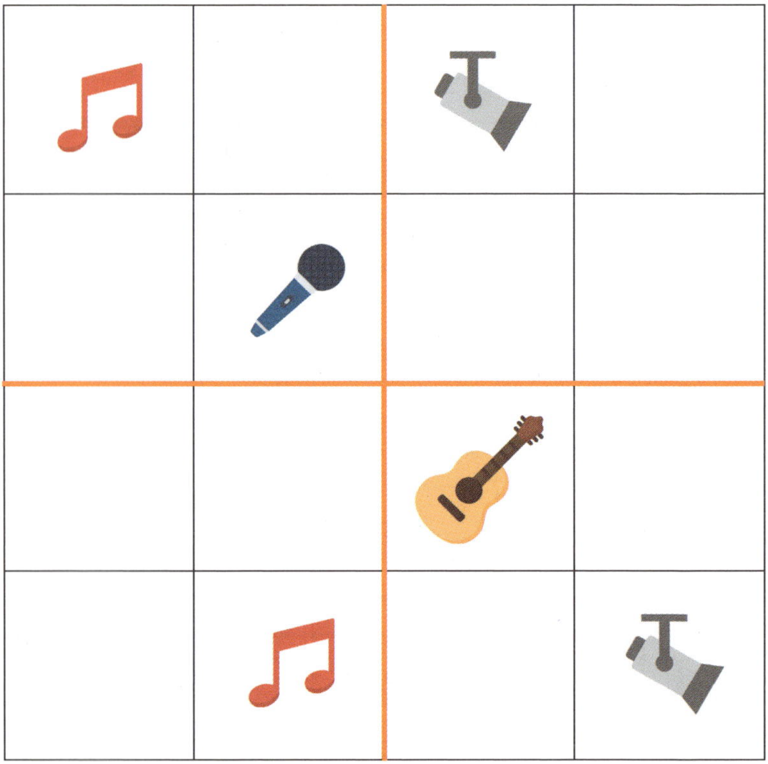

Jeu 4

Drôles d'anagrammes

Aïda adore les anagrammes.
À partir des définitions, aide-la à trouver les duos de mots à former :

Exemple : Animal de compagnie / Pays de la Grande Muraille
→ CHIEN / CHINE

1 **Pièce de théâtre chantée, comme *Carmen* ou *Rigoletto*. / On le boit entre amis avant le repas.**

→ _ _ _ _ _ / _ _ _ _ _

2 **Faire preuve de courage ou d'audace. / Couleur et nom d'une fleur.**

→ _ _ _ _ / _ _ _ _

3 **Petite étendue d'eau / Utile pour faire avancer un bateau.**

→ _ _ _ _ / _ _ _ _

Impressionne tes parents avec...

UNE DÉCORATION MUSICALE

Conseil
Tu peux utiliser différents types d papier pour réaliser le photophore qui te ressemble : page de livre, vieille carte, page de magazine, papier journal...

Décore ta chambre avec de jolis photophores.

ÉTAPE 1 Le matériel

- du papier musique (on peut récupérer gratuitement des images à imprimer sur Internet)
- du vernis colle
- un pinceau
- un pot en verre
- un bouton et de la ficelle

ÉTAPE 2 Découpage

Découpe un morceau de la partition et déchire les bords pour lui donner un aspect ancien.

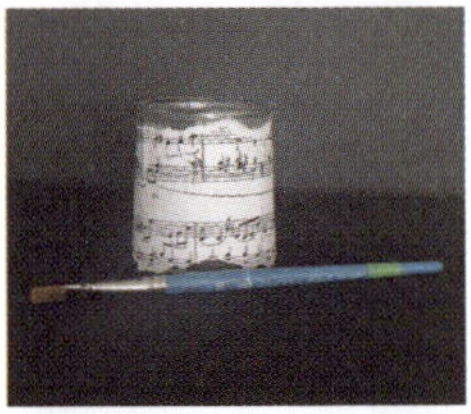

ÉTAPE 3 Collage

Pose le papier sur le pot en verre et applique le vernis colle au pinceau sur tout le papier.
Si tu utilises un papier imprimé, applique délicatement le vernis colle pour éviter que l'encre ne s'étale trop.

ÉTAPE 4 Séchage

Enlève le vernis colle au contact du verre avec un chiffon (après séchage, il risque d'être visible). Laisse sécher.

ÉTAPE 5 Décoration

Noue un bout de ficelle avec le bouton autour du photophore pour la finition.

Mémo

Pour t'aider à faire tes exercices

Français

Maths

Histoire Géo

Sciences Techno

Français

Grammaire

1 Les classes de mots : adjectifs et adverbes

- Un **adjectif** précise un nom ou un groupe nominal, il peut être épithète ou attribut du sujet :

– **épithète**, lorsqu'il fait partie du groupe nominal :
Un pâtissier maladroit réalise un chef d'œuvre.

– **attribut du sujet**, lorsqu'il est placé après un verbe d'état (*être, sembler, devenir*...) :
La pièce montée est magnifique.

- Un **adverbe** est un mot invariable qui modifie le sens d'un verbe, d'un adjectif ou d'un autre adverbe : *très, peu, toujours*...

Il peut être formé à partir d'un adjectif : *joyeux* → *joyeusement.*

2 COD et COI

- Le **complément d'objet direct** (COD) est lié directement au verbe qu'il complète :
Des affiches annoncent le spectacle.
- Le **complément d'objet indirect** (COI) est séparé du verbe par une préposition :
Madame Merveille annonce à tout le monde la venue de Miss Plume.

3 Les types et les formes de phrases

Il existe trois types de phrases :

- Une phrase **déclarative** raconte un fait. (.) *Le spectacle a commencé.*
- Une phrase **interrogative** pose une question. (?) *Où est ta malle ?*
- Une phrase **impérative** exprime un ordre, une interdiction, une prière ou un conseil. (. ou !) *Viens ! Va te changer tout de suite.*

Il existe, parmi les formes de phrases, la forme exclamative et la forme négative :

- Une phrase **exclamative** exprime un sentiment ou une émotion. (!)
Quel tour de magie époustouflant !
- Une phrase **négative** comprend des mots de négation (*ne... pas/plus*...)
Le costume de magicien n'aide pas Arthur.

4 Les phrases simples et complexes

- Une **phrase simple** ne comporte qu'un seul verbe conjugué.
  Aïda chante avec clarté.
- Une **phrase complexe** comporte plusieurs verbes conjugués.
  L'orchestre se lève lorsque les spectateurs applaudissent.

Orthographe

5 L'accord dans le groupe nominal

Dans le groupe du nom, le déterminant et l'adjectif s'accordent en genre et en nombre avec le nom noyau.

le pantalon noir → les pantalons noirs
une casquette noire → des casquettes noires

6 L'accord sujet-verbe

Le verbe s'accorde avec son sujet en nombre et en genre.
Attention à la place du sujet :

Dans le public sont assis ses fans. (ses fans : sujet inversé)

Les cris du public retentissent. (cris : nom noyau du GN)

7 Participe passé ou infinitif

- Le participe passé employé avec *avoir* ne s'accorde pas avec le sujet :
  Il a rangé le plateau.
- Le participe passé employé avec *avoir* s'accorde avec le COD si ce dernier est placé avant *avoir* :
  La pièce montée qu'il a réalisée est originale.
- Le participe passé employé avec *être* s'accorde en genre et en nombre avec le sujet :
  Les choux sont étalés sur la plaque.
- On trouve l'infinitif en *-er* :
  - après une préposition : *Il apprend à cuisiner.*
  - après un autre verbe : *Il faut confectionner la pâte.*

Conjugaison

8 L'imparfait

- L'imparfait est un temps du passé employé pour évoquer une action qui dure, une habitude dans le passé ou pour une description.
- Formation : radical de la 1re personne du pluriel du présent de l'indicatif + terminaisons *-ais, -ais, -ait, -ions, -iez, -aient*.

je chantais – tu chantais – elle chantait – nous chantions – vous chantiez – ils chantaient

9 Le passé simple

Le passé simple est un temps du passé surtout employé à l'écrit. Il est utilisé pour évoquer des actions courtes à des moments précis.

– Verbes du 1er groupe :
je chantai – nous chantâmes – elles chantèrent

– Verbes du 2e groupe :
je finis – nous finîmes – ils finirent

– Verbes du 3e groupe et *être* et *avoir* :
il alla, il dit, il fit, il prit, il put, il vit, il voulut, il vint, il fut, il eut.

10 Le présent de l'impératif

L'impératif est employé pour exprimer :

- l'ordre → *Tiens-toi droit !*
- l'interdiction → *Ne prends pas ce couloir.*
- un conseil → *Sois attentif aux paroles.*
- une prière → *Prenez donc un macaron !*

11 Le présent du conditionnel

- Ce temps s'emploie pour évoquer des faits incertains ou imaginaires, soumis à une condition.
- Formation : radical de l'infinitif + terminaisons de l'imparfait *-ais, -ais, -ait, -ions, -iez, -aient*.

je volerais – tu volerais – elle volerait – nous volerions – vous voleriez – ils voleraient

12 Temps simples et composés

Temps simples	présent *je danse*	futur *je danserai*	imparfait *je dansais*	passé simple *je dansai*
Temps composés	passé composé *j'ai dansé*	futur antérieur *j'aurai dansé*	plus-que-parfait *j'avais dansé*	passé antérieur *j'eus dansé*

Vocabulaire

13 Les homonymes

Les **homonymes** sont des mots qui se prononcent, et peuvent même s'écrire, de façon identique, mais dont le sens est différent : *vers* et *verre*.

14 Les familles de mots

Une famille de mots regroupe tous les mots formés avec le même **radical** : *frère, fraternel, fraternité*.

15 Les champs lexicaux

On appelle champ lexical l'ensemble des mots qui, dans un même texte, se rapportent à un **sujet commun**.
Livre, lisible, littéraire, bouquiner appartiennent au champ lexical de la lecture.

Nombres et calculs

16 La multiplication de nombres décimaux

Elle s'effectue comme s'il n'y avait pas de virgule, puis on compte les chiffres derrière la virgule de chaque nombre ; on compte le même nombre de chiffres au produit en partant de la droite, puis on place la virgule.

```
     654,5 → 1 chiffre après la virgule
x     5,21 → 2 chiffres après la virgule
----------
      6 545
    130 900
  3 272 500
----------
  3 409,945 → produit : 2 + 1 = 3 chiffres après la virgule
```

17 La division euclidienne

dividende = diviseur x quotient + reste (reste < diviseur)

```
dividende → 43 | 5 ← diviseur
           -40 | 8 ← quotient
    reste →  3 |
```

43 = 5 x 8 + 3 et 3 < 5

18 Les fractions

Prendre une fraction d'un nombre, c'est multiplier ce nombre par cette fraction. Si on veut prendre les $\frac{2}{5}$ d'une boite de 30 bonbons, on effectue $\frac{2}{5} \times 30 = \frac{2 \times 30}{5} = \frac{60}{5} = 12$.

Gestion de données

19 Proportionnalité, échelles, pourcentages

- On parle de **proportionnalité** quand une quantité est calculée en fonction d'une autre, en multipliant ou en divisant toujours par le même nombre (le coefficient de proportionnalité).

Nombre de jouets	1	2	3	4
Prix	3 €	6 €	9 €	12 €

× 3 ÷ 3

- On dit qu'une figure est à **l'échelle** lorsque les longueurs de cette figure sont proportionnelles aux longueurs réelles.
- Un **pourcentage** exprime une proportion. Calculer *n* % d'un nombre revient à le multiplier par $\frac{n}{100}$. Si 60 % des élèves d'un collège de 300 élèves sont des filles, il y a $300 \times \frac{60}{100} = 180$ filles parmi les élèves.

Espace et géométrie

20 Repérage dans l'espace

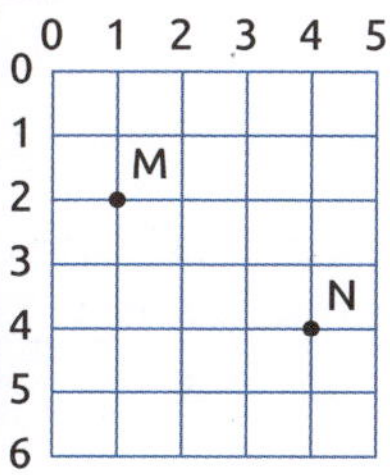

M a pour coordonnées (1 ; 2) et N (4 ; 4).

21 Les triangles

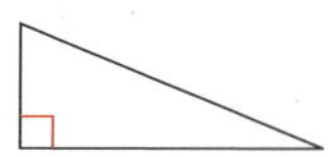

- Un triangle rectangle a un angle droit (90°).

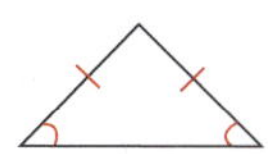

- Un triangle isocèle a deux côtés égaux et deux angles égaux.

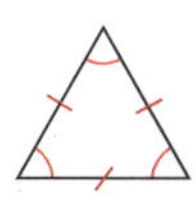

- Un triangle équilatéral a trois côtés égaux et trois angles égaux (60°).

22 La symétrie axiale

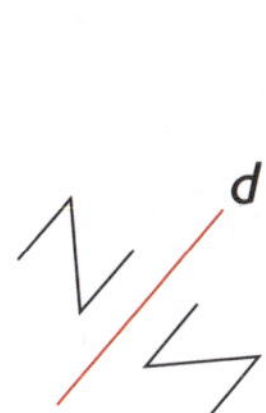

Une figure est dite symétrique lorsqu'elle admet un **axe de symétrie**, c'est-à-dire que les deux parties de la figure se superposent par un pliage le long de cet axe. La symétrie axiale conserve les longueurs et les angles.

23 Les quadrilatères

rectangle	carré	losange
		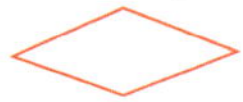
Les côtés opposés sont parallèles.	Les côtés opposés sont parallèles.	Les côtés opposés sont parallèles.
Les côtés sont égaux 2 à 2.	Les 4 côtés ont la même longueur.	Les 4 côtés ont la même longueur.
Les 4 angles sont droits.	Les 4 angles sont droits.	Les angles opposés sont égaux.

Grandeurs et mesures

24 Les unités de mesure

- Longueurs

kilomètre km	hectomètre hm	décamètre dam	mètre m	décimètre dm	centimètre cm	millimètre mm
	6	5,	0	4		

Exemple : 65,04 dam = 0,650 4 km = 6 504 dm

- Masses

kilogramme kg	hectogramme hg	décagramme dag	gramme g	décigramme dg	centigramme cg	milligramme mg
5	6,	7	0			

Exemple : 56,7 hg = 5 670 g

- Contenances

litre L	décilitre dL	centilitre cL	millilitre mL
5,	0	6	

Exemple : 5,06 L = 506 cL

- Aires

kilomètre carré km^2		hectomètre carré hm^2		décamètre carré dam^2		mètre carré m^2		décimètre carré dm^2		centimètre carré cm^2		millimètre carré mm^2	
							3,	1	2	4	5		

Exemple : 3,124 5 m^2 = 31 245 cm^2

25 Calcul de périmètre et d'aire

- Pour calculer le **périmètre** d'une figure, il faut calculer la longueur de son contour, c'est-à-dire la somme de la longueur de ses côtés.

P = 1 + 1 + 1,5 + 1,5 + 1,5 = 6,5 cm

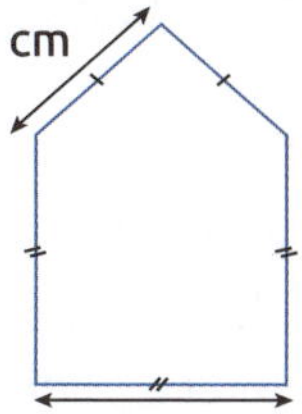

- L'**aire** d'une figure est la mesure de sa surface intérieure. Pour connaitre l'aire d'une figure, il faut calculer la quantité d'unités d'aire qui recouvrent cette surface.

Si le côté d'un carré vaut 1 cm, alors son aire est : c x c = 1 cm^2.

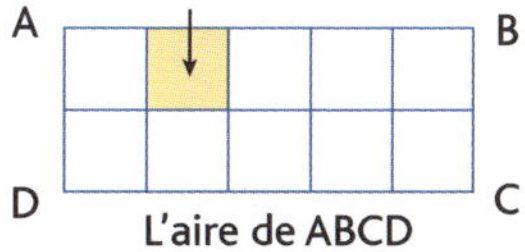

L'aire de ABCD vaut 10 unités d'aire.

26 Calcul de durées

- 1 j = 24 h   1 h = 60 min   1 min = 60 s
- Pour additionner ou soustraire des durées, il faut différencier les unités :

```
  12 min 38 s
+ 52 min 34 s
-------------
  64 min 72 s
```

72 s = 1 min + 12 s
64 min + 1 min + 12 s = 65 min 12 s = 1 h 5 min 12 s

27 Les angles

- Un angle aigu est plus petit qu'un angle droit.
- Un angle obtus est plus grand qu'un angle droit, il mesure entre 91° et179°.
- Un angle droit mesure 90°.
- Un angle plat mesure 180°.

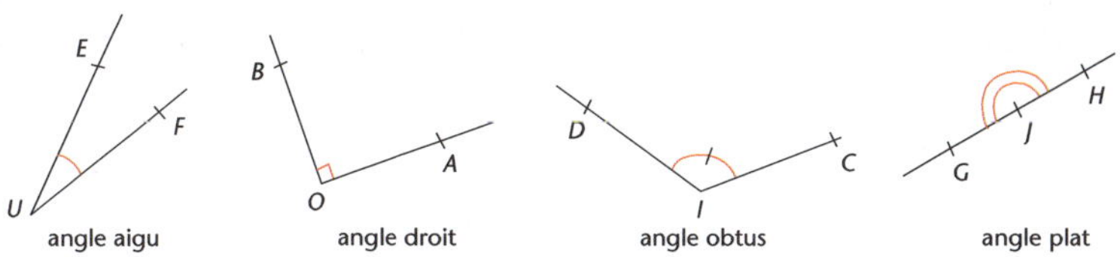

Histoire

28 L'Empire romain

Du temps de la domination de Rome en Méditerranée (du VIIIe au Ier siècle avant J.-C.), les Romains se réunissaient dans plusieurs lieux, comme :
– le **forum** (place publique, centre du pouvoir politique, économique et religieux),
– l'**amphithéâtre** (combats de gladiateurs ou de bêtes),
– le **cirque** (courses de chars).

Sciences et technologie

29 Les mélanges homogènes et hétérogènes

- Un mélange est **homogène** si on ne peut pas différencier ses constituants à l'œil nu. Dans ce cas, on dit que le solide est dissous dans l'eau. Par exemple, le sel et l'eau.
- Un mélange est **hétérogène** si on peut différencier ses constituants à l'œil nu. Par exemple, l'eau et le sable.

30 Vitesse et mouvement

La vitesse d'un mouvement est **variable** : elle peut augmenter et on parle d'**accélération**, ou la vitesse d'un mouvement peut diminuer et on parle de **décélération**.

31 Les énergies renouvelables

Il existe principalement deux types de sources d'énergie :
– les matières premières qui finiront par être **épuisées** : charbon, uranium, pétrole, gaz.
– celles qui proviennent de la nature et sont inépuisables ou **renouvelables** : le vent, l'eau, le soleil, le bois, la biomasse.

Talent 1

Jeu 1 Une pièce montée unique

C'est l'image **d.**

Jeu 2 Drôle de pièce montée

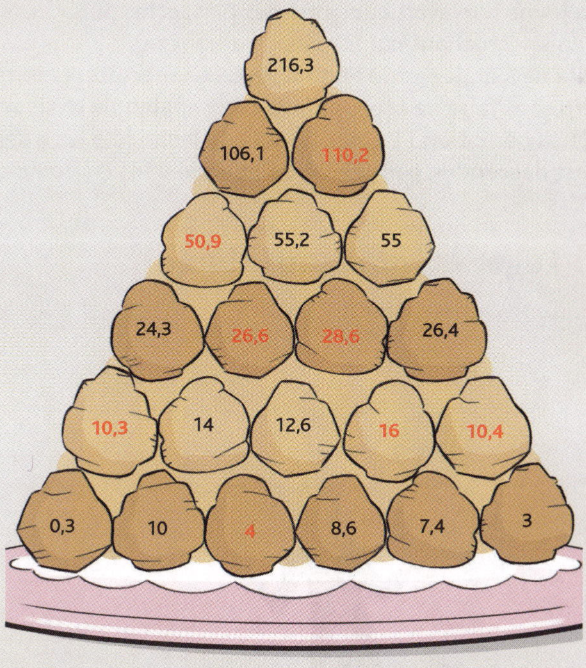

Jeu 3 Le plateau des desserts

1. far breton – **2.** millefeuille – **3.** riz au lait – **4.** macaron – **5.** crème brulée.

Jeu 4 Le bal des demoiselles

De gauche à droite : rouge, vert, bleu, blanc, jaune.

Talent 2

Jeu 1 Décryptage

Bravo quel talent

Jeu 2 C'est dans le journal !

Akira s'était élancée dans les airs. En bas, le public s'était tu. Pour débuter, la jeune fille avait enchaîné des pirouettes puis elle avait continué en s'accrochant par les pieds au trapèze.
Jamais Akira ne s'était sentie aussi légère. Les spectateurs ont suivi son numéro sans faire de bruit, puis ils l'ont applaudie chaleureusement. Quelle émotion ! Depuis là-haut, la jeune fille les a salués. Puis, elle est descendue par une corde et a filé dans les coulisses.

Jeu 3 Léger comme une plume

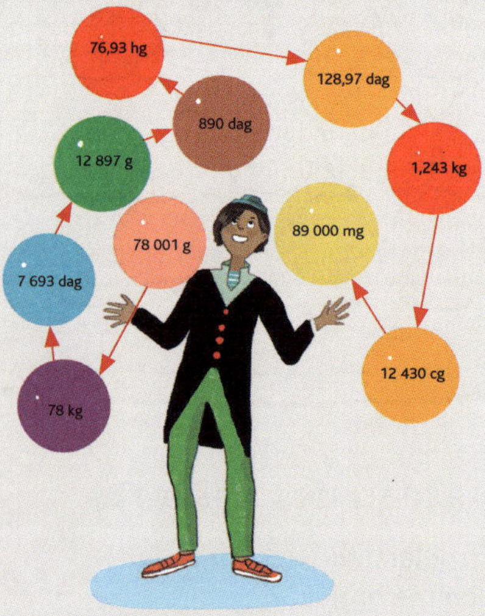

Jeu 4 Les charades

1. vainqueur (vingt – cœur)
2. géant (G – an)
3. vedette (veux – dette)
4. funambule (fut – nœud – an – bulle)

Talent 3

Jeu 1 Pots de couleurs

Par exemple, pour le violet :

10 % de 20 m² → $\frac{10}{100} \times 20 = \frac{10 \times 20}{100} = 2$ m².

Violet : 2 m² – Orange : 3 m² – Rouge : 1 m² – Jaune : 5 m² – Bleu : 4 m² – Vert : 1,4 m² – Gris : 3,6 m².

Jeu 2 Un tableau en puzzle

Jeu 3 Les mélanges de Titouan

Jeu 4 Peintres célèbres

1. Sandro Botticelli — *La Naissance de Vénus* (1485)
2. Léonard de Vinci — *La Joconde* (≈ 1503)
3. Vincent Van Gogh — *Les Tournesols* (1888)
4. Henri Matisse — *La Danse* (1909)
5. Pablo Picasso — *Guernica* (1937)
6. Andy Warhol — *Diptyque Marilyn* (1962)

Solutions des Jeux

Talent 4

Jeu 1 Quiz skate

1. Vrai.
2. Vrai
3. Faux : aux États-Unis.
4. Vrai.
5. Faux : le freestyle.
6. Vrai.

Jeu 3 Parcours à la loupe

Jeu 2 Et que ça glisse !

U	B	Z	P	B	K	R	E	P	W	E	X	B	J
D	O	I	A	C	M	T	A	E	O	V	R	O	S
P	A	D	R	Y	S	R	S	A	Q	E	O	B	N
G	V	E	A	A	N	O	K	U	T	R	L	H	O
U	U	L	P	C	O	T	A	D	M	Y	L	R	W
S	N	T	E	A	W	T	T	E	L	Q	E	Z	B
J	O	A	N	N	S	I	E	B	P	D	R	L	O
H	R	P	T	Y	C	N	B	A	C	J	S	S	A
D	A	L	E	O	O	E	O	N	P	H	F	S	R
Q	F	A	D	N	O	T	A	A	P	W	L	U	D
C	T	N	N	I	T	T	R	N	Y	A	J	R	H
D	I	E	K	N	O	E	D	E	D	L	O	F	B
Z	N	Z	B	G	Y	Z	G	N	S	K	I	H	U
F	G	U	P	K	I	T	E	S	U	R	F	V	Z

Intrus : peau de banane.

Jeu 4 Aux quatre coins cardinaux

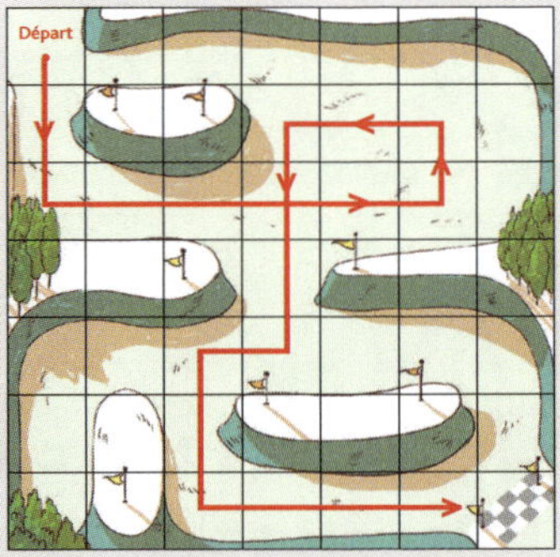

Talent 5

Jeu 1 Cherchez l'erreur...

C'est l'image **e.** (crête de la colombe).

Jeu 2 Mots cachés magiques

1. chapeau
2. baguette
3. grimoire
4. illusion
5. colombe
6. numéro
7. lapin
8. magie
9. tours

B	M	C	H	A	P	E	A	U	M
B	A	G	U	E	T	T	E	G	A
K	G	R	I	M	O	I	R	E	R
L	I	N	V	X	U	Y	S	F	T
A	E	S	U	E	R	B	Q	C	I
P	I	L	L	U	S	I	O	N	N
I	E	C	O	L	O	M	B	E	P
N	N	U	M	E	R	O	X	M	G
D	R	A	G	O	N	Z	M	I	L

Jeu 3 Chapeau !

a. Comme par enchantement – **b.** Faire apparaitre une solution inattendue – **c.** Donner une apparence fausse – **d.** Extravagant – **e.** Surestimer ses capacités – **f.** Commander – **g.** Une personne qui se distingue des autres par son comportement – **h.** Se tromper à propos de quelque chose ou de quelqu'un

Jeu 4 Lettre mystère

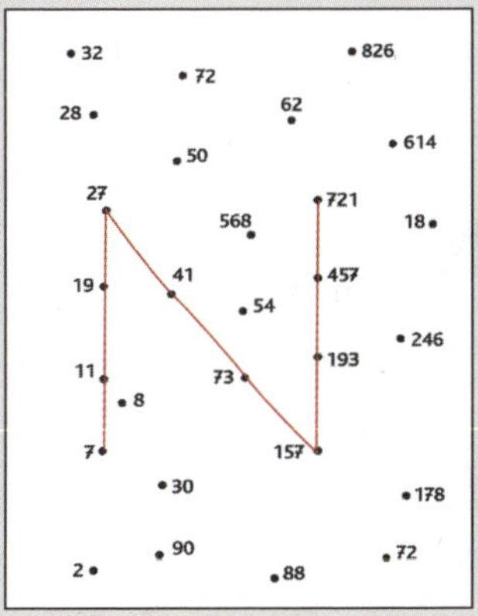

Talent 6

Jeu 1 Hyper stylé

1. des polos (*dé – pot – L' – eau*)
2. un chapeau (*un – chat – pot*)
3. un pantalon (*un – pan – talon*)
4. des baskets (*dé – bas – skate*)

Jeu 2 Musique !

1. Reggae – **2.** Pop – **3.** Rap – **4.** Rock'n'Roll – **5.** Jazz

Jeu 3 Indispensable pour danser

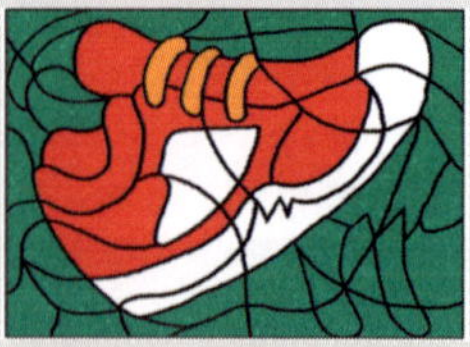

Jeu 4 Option danse

1. arabesque – **2.** pirouette – **3.** freestyle – **4.** entrechat – **5.** glissade – **6.** tetris

Talent 7

Jeu 1 La lettre mystère

S	P	E	C	T	A	C	L	E
O	U	S	O	H	R	H	U	M
U	B	T	U	E	T	O	M	U
F	L	O	L	A	I	R	I	S
F	I	M	I	T	S	I	E	I
L	C	A	S	R	T	S	R	C
E	■	C	S	E	E	T	E	I
C	H	O	E	U	R	E	S	E
G	E	M	I	S	S	I	O	N

Jeu 2 Le labyrinthe du théâtre

voix – micro – a capella – vocalise – chœur – air – choriste – mélodie – opéra – chanson – chorale

Jeu 3 Musico sudoku

Jeu 4 Drôles d'anagrammes

1. OPÉRA / APÉRO – **2.** OSER / ROSE – **3.** MARE / RAME

Page-indices

Drôles de talents !

de la 6e à la 5e

Note ci-dessous les indices que tu as trouvés au cours de ta lecture.

Va vite te connecter sur le site

www.lenigme.com

pour nous envoyer tes indices, et tu pourras télécharger plein de cadeaux !

INDICE 1 ....

INDICE 2 ....

INDICE 3 ....

INDICE 4 ....

INDICE 5 ....

INDICE 6 ....

INDICE 7 ....

MOT MYSTÈRE ....

Bravo ! Tu as trouvé tous les indices !

Table des matières

Talent 1 La pâtisserie, c'est du gâteau !

Français – Les homonymes 8
Français – Participe passé ou infinitif 10
Maths – Calcul d'aire 12
Maths – Les unités de contenance 15
Maths – Les aires (triangle) 17
Français – Les adjectifs 19
Sciences et technologie – La classification des êtres vivants 21
Jeux et activités 24

Talent 2 Comme une plume dans les airs

Français – COD et COI 32
Français – Le présent du conditionnel 33
Maths – Les fractions 36
Sciences et technologie – Le milieu de vie des oiseaux 38
Maths – Les triangles 40
Français – Les adjectifs épithètes 42
Maths – Multiplication de nombres décimaux 45
Jeux et activités 48

Talent 3 De toutes les couleurs

Français – L'imparfait 55
Maths – Le repérage dans l'espace 57
Maths – Échelle et proportionnalité 60
Français – Les homonymes 62
Maths – Les unités de mesure 64
Français – L'imparfait et le passé simple 67
Sciences et technologie – Les mélanges homogènes et hétérogènes 69
Jeux et activités 72

Talent 4 Comme sur des roulettes

Maths – Les quadrilatères 79
Sciences et technologie – Vitesse et mouvement 81
Français – Les champs lexicaux 84
Maths – La division 86
Maths – Calcul de périmètre 88
Français – Les adverbes 91

Français – L'accord sujet-verbe 93
Jeux et activités 96

Talent 5 Abracadabradingue !

Maths – Calcul avec la monnaie 103
Français – Les familles de mots 105
Français – Les types et les formes de phrases 108
Maths – La symétrie axiale 110
Sciences et technologie – Les énergies renouvelables 112
Français – Le passé simple 115
Maths – Problème de contenance 117
Jeux et activités 120

Talent 6 Hip-hop hop ! Hourra !

Français – L'accord dans le groupe nominal 128
Géographie – Les métropoles 130
Maths – La divisibilité par 3 et 5 132
Français – Les temps simples et composés 134
Français – L'accord dans le groupe nominal 137
Maths – Les angles 139
Anglais – Vocabulaire 141
Jeux et activités 144

Talent 7 De tout son chœur

Français – L'impératif 152
Français – La polysémie 154
Maths – Calcul de durées 156
Maths – Proportionnalité et pourcentages 159
Maths – Conversion d'unités d'aire 161
Français – Les phrases simples et complexes 163
Histoire – L'Empire romain 165
Jeux et activités 168

Mémo 173
Solutions des jeux 183
Page-indices 189

IMPRIM'VERT

Achevè d'imprimé en Italie par BONA en Mars 2022

Choisis ton univers dans la collection

historique · fantastique · POLICIER · AVENTURE · FRISSON · féerie

du CP au CE1

- Le voleur invisible
- Sophia, princesse de la mer (podcast)
- Le mystère de la source (podcast)
- Disparition au pays des poneys (podcast)
- Panique chez les pandas

du CE1 au CE2

- La peur au bout de la laisse
- Mystère au cirque Alzared
- Attention ! Dauphins en danger
- Pas si désert que ça !
- Menace sur Madagascar
- Pirates en péril ! (podcast)
- Enquête de terrain — BD

du CE2 au CM1

- Le labyrinthe des dragons
- Les fantômes de Glamorgan
- La plage du Prince Blanc
- Le phare de la peur
- Montagne explosive !
- Menaces sur la finale de foot
- Planète dinosaures
- Le chevalier sans tête — BD

du CM1 au CM2

- Le voleur de papyrus
- Le sortilège des loups-garous
- Parfum de vacances
- La carrière interdite
- Mystère dans le bush australien
- Drôles d'époques ! — 7 histoires
- Objectif planète verte — BD

du CM2 à la 6e

- Le trésor des Templiers
- Panique à la Pop Academy
- La forêt de l'épouvante
- À la recherche de la cité perdue
- Eaux troubles à Venise
- Drôles de familles ! — 7 histoires
- À bord du bateau pirate — ESCAPE GAME
- Le cavalier masqué — BD

de la 6e à la 5e

- Le secret du Titanic
- Drôle de trafic
- Complot chez les cordons-bleus
- The Refuge in Danger (podcast) (en anglais)
- Au sommet de la tour Eiffel — ESCAPE GAME
- Dans les galeries du Louvre — ESCAPE GAME
- Drôles de talents ! — 7 histoires
- La pierre des orbelins — BD

de la 5e à la 4e

- Operation Blue Lagoon (podcast) (en anglais)
- Chute mortelle au Mont-Saint-Michel
- The Captain is Missing! (podcast) (en anglais)
- Le souffle de l'ange
- Dans le château de Krennamzer — ESCAPE GAME

de la 4e à la 3e

- Murder in West Park (podcast) (en anglais)
- The Mark of the Vampire (podcast) (en anglais)
- The Wizards' Night (podcast) (en anglais)
- Dans les allées du cimetière — ESCAPE GAME

(podcast) Histoire à podcaster sur le site www.lenigme.com

Retrouve-nous sur le sit
www.lenigme.com